André Sève

Pause-midi

188 haltes pour le milieu du jour

BAYARD-ÉDITIONS / CENTURION
NOVALIS

ISBN 2.227.43656.5
© Bayard Éditions/Centurion, 1998
3, rue Bayard, 75008 Paris
Pour le Canada
© Éditions Novalis, C.P. 990, Outremont Qc H2V 4S7
ISBN : 2.890.88960.2

Pause-midi

On a vécu toute la matinée le nez sur le travail et la tête farcie de rencontres. Midi nous est donné pour un bref retour à la profondeur.

À nous d'exploiter cette aire de repos qui nous permettra de bien affronter la deuxième partie de la journée, telle qu'elle va nous tomber dessus :

l'ennui passager de santé,

le collègue de travail énervant,

le conjoint avec lequel on commence à trop se chipoter,

la tâche qui a pris l'allure d'une corvée.

On ne surmontera tout cela qu'en retrouvant la Présence.

Le plus beau cadeau de la pause midi, c'est le retour de la voix qui chasse la peur et calme l'énervement.

« Confiance, je suis là. »

« *Pour vous, je veux être soleil* »

En quittant notre table après un déjeuner particulièrement amical, Lucile soupire : «Je vais replonger dans un monde sans amour. »

Quand j'entends cela, je ne peux m'empêcher de penser à la parole de saint Jean de la Croix : «Là où il n'y a pas d'amour, mets de l'amour et il y aura de l'amour. »

Pourquoi ne pas être les premiers à mettre de l'amour dans le bureau, dans le magasin, dans l'atelier ? En souriant à tous, en parlant à tous.

Chrétiens, nous sommes du pays de l'amour, nous devrions en avoir l'accent et la devise : «Avec l'amour, il y a tout à gagner. »

Vivre dans l'amitié n'est pas pour nous une option, mais une ferme décision constamment renouvelée. C'est ce que les autres attendent de nous.

Mes compagnons de route, mes compagnons de hasard, devant Dieu je vous choisis. Pour vous tous je veux être soleil.

Ma biographie

« Quand je me présenterai au tribunal céleste, on ne me demandera pas pourquoi je n'étais pas Abraham, Jacob ou Moïse, on me demandera pourquoi je n'étais pas Jousia[1]. »

Le beau mystère de nos destinées uniques ! La foule éternelle ne sera pas un magma, mais le prodigieux déploiement de personnalités différentes.

Ne pas rêver d'être François d'Assise ou Vincent de Paul, mais m'appliquer à être l'unique que Dieu attend de moi et de nul autre. Ne pas céder aux tentations de comparer et d'envier, je risque de lâcher l'œuvre essentielle pour laquelle je suis venu au monde : être cette intelligence, ce cœur, cette volonté lentement modelés par mon histoire de vie, pas l'histoire d'un autre, la mienne !

Quand on lit une biographie, on marque les coups : Bravo ! Idiot ! On se dit qu'on aurait fait ceci, évité cela. Mais je suis en train de l'écrire, ma biographie ! En réussissant ce dimanche, en gâchant ces vacances, en cultivant une amitié, en brisant une relation.

J'écris mon roman d'amour sur la terre avec Dieu. Il ne me demandera pas pourquoi je n'ai pas été l'Abbé Pierre ou le Père Congar. Il me demandera pourquoi je n'ai pas été celui que, moi, j'aurais pu être.

---

1. Élie Wiesel, *Célébration hassidique*, Seuil, 1976.

2

Nous sommes aimés

Pendant le café, discussion sur le comportement des jeunes. On voyait se dessiner deux opinions. D'un côté : « Ils n'ont plus de religion, ils ne croient à rien. » D'un autre côté : « Ils ont une autre manière de vivre la religion. »

« Une autre manière » ? Même si c'est assez difficile à digérer par nous, c'est peut-être la meilleure façon de garder le contact.

— On en a marre, me disait un jeune assez croyant, d'entendre dire que nous sommes l'Église de demain. Sous-entendant : pour le moment, faites comme papa et maman. Ce n'est pas ça du tout ! On existe, vous ne voulez pas voir que nous sommes l'Église d'aujourd'hui, mais vécue autrement.

La grande question, ce n'est donc pas de chercher à les rallier à nous, mais d'essayer de voir ce qu'eux nous apportent *dès maintenant*.

— Rien que du négatif, disait Odile. Leur égoïsme me dégoûte.

Qu'ils soient individualistes, c'est assez criant. N'ayant plus confiance dans les grands projets de société, ils se tournent vers leur réalisation personnelle : « Votre fameux salut, c'est *mon* salut, je n'ai qu'une existence à exploiter, la mienne. »

Pourquoi ne pas partir de là, puisque c'est la situation réelle ? Nous, nous avons été élevés à obéir à Dieu pour lui plaire et ainsi gagner le ciel. Ils rigolent : « Quel Dieu ? Quel ciel ? »

Il me semble qu'ils sont plutôt attirés par un autre message : « Dieu nous aime. » La question devient alors : « Si vraiment nous sommes aimés par Dieu, comment vivre dans cet amour ? »

Ensuite, il faut bien en venir à voir quel est ce Dieu qui nous aime et ce qu'il attend de nous. Mais cette recherche se fera dans une ambiance chaleureuse : nous sommes aimés.

3

« *Toi, la chrétienne...* »

— Hier, me dit Monique, pendant le déjeuner avec des copains du bureau, la conversation est tombée sur la morale sexuelle de l'Église. Tout y a passé : la contraception, l'homosexualité, la masturbation, la cohabitation des jeunes, le pape et le préservatif. Au début, c'était assez sérieux, mais ça a dégénéré, on se moquait de tout et on me lançait constamment des «toi, la chrétienne, qu'est-ce que tu en dis?» J'ai d'abord répondu calmement, puis je me suis fâchée, j'ai bafouillé je ne sais quoi. Du coup, au bureau l'après-midi, j'ai fait la tête. Donnez-moi de la documentation sur ce sujet pour que je puisse mieux répondre.

J'ai cherché des articles, des livres, mais Monique était déçue.

— C'est trop compliqué, je n'aurai pas le temps de lire tout ça. D'ailleurs, ils ne me laisseront pas parler; ils sont moqueurs, ils en savent trop; chaque fois, c'est pareil, ils me disent : «Ton Jésus et ton pape, tu les défends mal!»

— Tu me fais penser à un cantique. On y évoque les conseils de Jésus à ses premiers missionnaires. «Emportez ceci, n'emportez pas cela.» Le cantique résume superbement : «N'emportez que l'amour.»

— Vous croyez que ça ne fera pas encore plus rigoler les copains? Je les entends déjà : «Parlez-moi d'amour...»

— Il ne s'agit pas de parler de l'amour, il s'agit de le vivre. Si tu te trouves dans un groupe avec un cœur plein d'amour pour le Christ et pour ceux qui t'entourent, tu écouteras mieux, tu sentiras quelles détresses se cachent dans les moqueries. Tu parleras sans agressivité, mais avec un feu qui révélera un peu ton bonheur de vivre. Là, toi, la chrétienne, tu seras un bon petit soldat du Christ.

Pensées

L'amour est une source qui a soif.

Chaque jour est unique : il vient pour la première et la dernière fois.

C'est au-dedans que naissent les soleils.

Presque toujours : « Qu'est-ce que je vais lui apprendre ? » Plus rarement : « Qu'est ce qu'il va m'apprendre ? » On ne manque pas de langue, on manque d'oreille.

Pratique le plus possible *l'accueil blanc* : celui qui commence par écouter sans *a priori*.

Dès qu'on vieillit, essayer de gagner en profondeur ce qu'on perd en surface.

Quand devient-on missionnaire ? Quand la foi nous apporte tellement de bonheur que nous voulons la communiquer.

Le plus beau cadeau à Dieu : lui offrir un fils heureux. Pourquoi ne suis-je pas heureux ?

Les bonnes questions de Dieu : « Adam, où es-tu ? » (Genèse 3, 9). Prendre conscience que je ne suis pas où Dieu me veut et comme il me veut.

La paille et la poutre : plaisir malsain d'être fin détecteur des défauts et des faiblesses des autres.

« Tu es appelé à la vie. Ce sera difficile, mais ce sera la vie » (un chef scout).

Être saint, c'est accomplir le vouloir actuel de Dieu.

« Tout bon chrétien doit être plus prompt à sauver la proposition du prochain qu'à la condamner » (saint Ignace).

La collecte de petits faits tient souvent lieu de réflexion : il faut des anecdotes et des témoignages, mais aussi de la réflexion.

Tu veux transmettre la foi ? Quelle est ta foi ?

On ne peut pas créer le vent, mais on peut tendre la voile.

Karine la questionneuse

Karine, seize ans, s'est éveillée à la foi par des contacts avec l'aumônerie de son lycée. Elle aime venir me poser des questions. À deux conditions : «Vous répondez à toutes mes questions, et vous essayez de faire court et simple.»

Libre vers midi, Karine est devenue une délicieuse enquiquineuse qui m'oblige à me recycler sur tout. Aujourd'hui, elle arrive très vexée.

— Ils se sont moqués de moi parce que je ne savais pas ce que ça voulait dire, «mystique».

— Rassure-toi, tes moqueurs ne devaient pas le savoir très bien eux-mêmes. C'est un mot fourre-tout. On parle de la mystique du rugby et de la mystique de Thérèse d'Avila. Mystique peut désigner à la fois le sommet de l'union à Dieu et une tendance à perdre le contact avec le réel. Au sens le plus classique, la mystique englobe tous les efforts de l'âme pour atteindre Dieu en direct. C'est le grand et mystérieux voyage vers une frontière. Si on la franchit, on fait une expérience de Dieu, mais c'est toujours très difficile à décrire.

— Je dois lire Thérèse d'Avila ?

— Surtout pas ! Il s'agit d'expérience. La mystique est une connaissance-union. Vouloir explorer ces chemins de loin, sans entrer sur ces terres de Dieu, c'est de la curiosité vaine, ça te lasserait vite.

— Je veux marcher vers Dieu.

— Alors, tu as la Bible, les sacrements et surtout l'effort fraternel.

— Je ne vois pas le lien.

— Pense au mot si fort de Jésus : «Ce que vous faites au plus petit des miens, c'est à moi que vous le faites.» Nos frères nous donnent Dieu, c'est la plus sûre rencontre, et elle est à la portée de tous.

La bienveillance de pensée

Nous ne pourrons pas pratiquer une bienveillance *non stop* si nous ne cultivons pas notre bienveillance de pensée. Le meilleur modèle, c'est la pensée d'une mère quand elle regarde son petit.

– Tu ne seras ni mon concurrent ni mon double. Tu seras toi. Je veux que tu existes. Je voudrais être pour toi comme un jour qui se lève. Il ne menace pas, il ne reproche rien, il fait exister les êtres et les choses et par eux tu existes plus. Je voudrais t'enlever à toute nuit, mais pour que tu te dresses et que tu trouves non pas le bonheur mais « ton » bonheur.

Quel changement dans nos regards et nos paroles quand cette seule pensée nous habite : « Je veux que tu existes ! »

On va chercher avant tout à apporter quelque chose et à ne rien tuer. On est positif au maximum et cela permet à l'autre de s'exprimer sans crainte.

Mais cette maîtrise de notre parole, ne peut se maintenir que par la bienveillance de notre pensée : « Je veux que tu existes. »

N'allons pas croire qu'il s'agit d'une recette facile ! C'est très difficile de garder notre bienveillance de pensée, même quand nous l'avons choisie comme une des clés de notre vie. Cela va dépendre aussi du comportement de l'autre et des informations constamment reçues sur lui. La bienveillance devient alors une belle résistance : « Rien ne m'empêchera de vouloir que tu existes plus. »

Gethsémani

Souffrances trop lourdes, intolérables. Terrible maladie, affreuse déception, épaisse nuit sur l'avenir. Comment est-ce possible que cela m'arrive à moi? Qu'est-ce que Dieu attend en ce moment de moi?

Ne pas porter cela seul, se mettre tout près de Jésus à Gethsémani. Entrer dans sa double prière.

«Que ce calice s'écarte de moi!» Surprenante prière de Jésus, lui qui disait qu'il faisait toujours la volonté de son Père. Son corps et son esprit se révoltent à la pensée des souffrances qu'il peut très bien imaginer, il a vu des flagellations et des crucifixions.

Ce regard sur Jésus nous rendra très humble. Il ne nous est pas demandé de porter glorieusement la souffrance. «Que ce calice s'écarte de moi.»

«Pas ma volonté, mais la tienne», Luc met un espace entre les deux prières. Jésus a peut-être longuement répété la première. Puis des forces lui sont venues. Il peut dire : «Pas ma volonté, mais la tienne.»

Le changement est total : «Levez-vous! Allons!» Il va marcher vers son supplice avec une telle noblesse que le centurion dira : «Cet homme est le Fils de Dieu.» Il n'y a pas de Gethsémani sans surgissement. «Un ange le réconforta et il se releva.»

On changea de pacha

C'était un très beau navire de guerre, l'orgueil du pacha quand on faisait visiter le port aux autorités. La scrupuleuse propreté émerveillait les dames, l'impeccable discipline plaisait aux hommes. On sentait que, lorsqu'il sortirait, le beau navire ferait des merveilles.

Mais il ne sortait pas ! Toute la vie du pacha, des officiers et des hommes consistait à briquer, à multiplier les exercices pour être fin prêts à partir.

Mais on ne partait pas ! Sur le beau navire on voyait bien que les brillances cachaient de plus en plus mal l'ennui.

On changea de pacha. Le nouveau n'avait qu'une idée en tête : faire tout bouger, voir ce qu'allaient donner tant de manœuvres, tant de nettoyages et de vérifications.

L'esprit changeait. On riait, on rêvait, on se disputait, mais c'était toujours pour mieux réussir le départ. Des mots nouveaux s'échangeaient : « Tu crois que ça tiendra en pleine mer ? »

On pouvait même contredire le pacha et les officiers pourvu que ce fût utile. On se documentait. On découvrait chez des officiers et de simples marins des compétences qui jusque-là dormaient. On était bien vu non parce qu'on était impeccable, mais parce qu'on était astucieux.

Ô mon Église, beau navire si bien briqué, aux mitres bien alignées, à la morale ferme et aux dogmes sans cesse révisés, lance-toi davantage en pleine mer, là où il n'y a plus rien d'impeccable, plus rien de stable, mais où la vie est si étrangement en grossesse du Royaume.

Aimer la messe

Nous ne ferons aimer la messe que par notre propre amour de la messe.

Est-ce que j'aime la messe ? Ce n'est pas une question en l'air, c'est *la* question. Finalement, une fois écartée l'obligation, il faut savoir pourquoi nous allons quand même à la messe.

Sous la menace de la mort les premiers chrétiens tenaient bon : «Nous ne pouvons pas nous passer de notre *Dominicum*.» Je saurai que j'aime la messe quand je dirai : «Quel que soit l'obstacle, je ne peux pas m'en passer.»

C'est déjà un peu vrai depuis que j'y vois un double rendez-vous : avec le Christ et avec les frères.

Le Christ du chapitre 6 de l'évangile de Jean dit : «Je suis le pain de vie, celui qui vient à moi n'aura pas faim [...] Si vous ne mangez pas la chair du Fils de l'homme, vous n'aurez pas en vous la vie» (Jean 6, 35, 53). Comment, devant cet appel, a-t-on pu laisser naître le slogan imbécile : «Je suis croyant mais pas pratiquant»? Autrement dit : je crois en toi, Jésus, mais pas quand tu affirmes que sans toi, sans la messe, on crève de faim.

Et sans la messe on vivote fraternellement, on ne passe pas la frontière du véritable amour fraternel. C'est quand je pense à ce rendez-vous fraternel que je vais le plus joyeusement à la messe. Je sais bien que ce n'est pas suffisamment, hélas, une assemblée de frères, mais c'est la réunion de ceux qui se veulent frères. Grâce aux forces d'aimer que nous recevons quand Jésus nous dit : venez prendre ma vie pour vivre ma vie.

La harpe du bonheur

Il cherchait le bonheur. Il en trouvait des bouts, mais il voulait un plus bel ensemble qui serait vraiment le bonheur.

Il en parla à un maître soufi.

— Trouver un bonheur bien complet, dit le maître, un bonheur bien harmonieux, c'est un long chemin.

— Je ferai ce chemin.

— Eh bien, le voici. Il te mènera à un village où tu trouveras trois boutiques qui vendent le bonheur.

Il marcha longtemps. Il arriva dans le village, il était à bout de forces, mais plein d'espoir.

Déception ! Dans la première boutique, il ne trouva que des morceaux de bois dépareillés et difformes ; dans la deuxième, quelques fils d'acier ; dans la troisième, des bouts de métal apparemment sans valeur.

Découragé, il alla s'installer dans une clairière pour passer la nuit. Soudain, il entendit une musique divine. Il se leva, courut vers le musicien. Celui-ci tenait une merveilleuse harpe construite avec les morceaux de bois et de métal qu'il avait vus dans les boutiques.

Il reprit la route pour aller informer le maître soufi.

— Le bonheur, lui dit le sage, est fait de tout ce que la vie te donne à chaque instant. Si tu ne méprises aucun bonheur, si tu sais les assembler, tu peux construire une harpe qui chantera une joie faite exactement pour toi.

Et patati, et patata

Il s'en dit, des choses sur les gens ! Tant qu'il ne s'agit pas de nous, ça nous intéresse, ça nous fait rire. Mais quand un ami nous avertit : « Tu sais ce que V. dit de toi ? », on est surpris et blessé.

Trop blessé ? Oui, si on en croit les conseils du journal *Okapi*.

Ne vous mettez pas martel en tête sur ce qu'on dit de vous. Toute votre vie, vous apprendrez que tel ou tel colporte ceci et cela à votre sujet. Si ce n'est pas trop grave, souriez et laissez tomber.

Mais il y a peut-être un meilleur usage à faire des ragots. Se poser une bonne question : « Ce qu'on dit de moi, n'est-ce pas un peu vrai ? Si oui, à nous d'en tenir compte pour nous améliorer. Nous communiquerons mieux en sachant ce qu'on pense de nous. »

Comme nous aussi, nous disons des choses sur les autres, voici un petit mode d'emploi des patati et patata.

1. Mettez-vous à la place de celui dont vous parlez. Est-ce que ça vous ferait plaisir d'apprendre qu'on dit ça de vous ?

2. Ne dites *jamais* des choses que vous savez fausses ou seulement douteuses.

3. Ne trahissez jamais une confidence. On aimera en vous celui à qui on peut se confier.

4. Parlez des qualités des autres, c'est un très bon patata.

« *Je le ferai !* »

À midi, je vois Juliette si heureuse, si heureuse, que j'ai envie de savoir pourquoi.

— C'est une histoire de week-end spirituel. Avec mon mari, on s'était inscrits, et pourtant le thème ne me plaisait pas : « Devenir fraternel. » Bon, ils vont encore nous baratiner. Mais l'animateur nous a tout de suite accrochés en nous disant qu'il allait nous enfoncer dans le crâne deux conseils capables de transformer notre vie. Et ça a marché !

— Premier conseil ?

— Décider qu'on ne dira plus jamais du mal de personne. Jamais ! Tout le premier jour a été consacré aux moyens de prendre cette très difficile décision, et j'ai fait le pas : j'ai juré de ne plus jamais dire du mal de quelqu'un. Ça change drôlement la vie !

— Deuxième conseil ?

— C'était plus subtil : voir ce qu'il y a de positif dans toute personne.

— Banal, non ?

— Tant qu'on ne le fait pas ! L'astuce de ce week-end, c'était de nous renvoyer chez nous avec l'idée : je le ferai ! Le plus dur pour moi a été de cesser de dire du mal des gens. C'est incroyable ce que j'en disais, sans m'en rendre compte. Mais l'autre conseil aide bien. Quand on acquiert le réflexe de voir le bon côté des gens, on dénigre moins.

Votre visite

Prévenez-moi de l'heure de votre visite : je ferai un bout de toilette, je rangerai ma table de nuit, je chercherai à l'avance ce que j'ai à vous dire, j'écrirai ce que je dois vous demander, je me préparerai le cœur, et cette attente sera bien agréable.

Soyez exact au rendez-vous. Ne pensez pas : « Il n'a rien à faire ! » Lorsque je vous attends, je suis sous pression.

Si vous venez à plusieurs, placez-vous du même côté du lit, vous m'éviterez de tourner et retourner la tête. Abstenez-vous de tout aparté, je m'en sentirais exclu. Venez plutôt à tour de rôle, offrez-moi la joie d'être seul avec vous.

Préparez-vous à cette visite. Mettez-vous au courant de ce qui peut m'intéresser.

Aidez-moi à ne pas m'appesantir sur ma maladie. Faites-moi seulement comprendre votre compassion par un mot ou un geste, dites-moi que vous admirez mon sourire.

Si j'explose, si je vous jette à la tête mes révoltes et mes désespoirs, accueillez ce défoulement, ça me fera du bien. Je vous prends ainsi comme témoin de ma détresse parce que j'ai confiance en vous. Mais si ces violences se renouvellent trop, dites-moi fermement que je me détruis alors que je dois coûte que coûte me reconstruire.

Consentez à l'échange, confiez-moi vos soucis, vos peines et vos joies, discutez doucement avec moi, demandez-moi conseil. C'est cette confiance qui me soulagera un peu, parce que je m'oublierai pour vous.

D'après un bulletin d'aumônerie de clinique

« *Je veux être utile après ma mort* »

Sur un jeune de vingt et un ans, mort dans un accident de voiture, on a trouvé le texte suivant :

« Je veux être utile après ma mort. Si un jour un médecin constate que mon cerveau ne fonctionne plus, que ma vie s'est bien arrêtée, laissez prélever de mon corps tout ce qui pourra en aider d'autres à mener une vie plus pleine.

Donnez la lumière de mes yeux à celui qui n'a jamais vu un lever de soleil, ni le visage d'un bébé.

Donnez mon cœur à quelqu'un dont le cœur ne lui a jamais procuré que des heures d'angoisse.

Donnez mes reins à ceux dont la vie dépend, jour après jour, d'un rein artificiel.

Prenez mes os, mes muscles, et trouvez le moyen de faire courir un jour un enfant invalide.

Fouillez mon cerveau, prenez mes neurones pour qu'un jour un gamin puisse crier de joie après avoir marqué un but et qu'une petite sourde puisse entendre le bruit de la pluie sur sa fenêtre.

Brûlez ce qui restera de moi et jetez les cendres pour aider des fleurs à s'épanouir.

Si vous voulez absolument enterrer quelque chose, prenez mes fautes et mes faiblesses, donnez-les au diable, et mon âme à Dieu.

Si vous éprouvez le besoin de vous souvenir de moi, faites-le par un geste amical ou une parole bienveillante envers quelqu'un qui attend cela de vous.

Si vous faites tout ce que je vous ai demandé, alors je vivrai pour toujours. »

Du *Kontakblad* n° 167, traduit dans *Bruxelles*, avril, n° 15

Un amour créateur

Maïté, au lieu de dire : « Serons-nous fidèles ? »,
pense : « Nous serons créateurs. »
Tu dis trop : « Tu m'avais promis. »
Tu regardes en arrière,
tu accroches nos fidélités au passé.
Moi, je préfère demander :
« Que pouvons-nous vivre encore ensemble ? »

Nous nous sommes alliés pour l'invention.
Notre oui n'était pas une chaîne,
c'était un feu d'artifice
qui peut encore tout illuminer.

— Mais tu changes, Jean-Marc.
— Toi aussi, Maïté.
Et alors ?
Serons-nous deux vivants,
capables de devenir de plus en plus libres
en étant plus liés ?
Ça demande de l'intelligence et de la patience.
— Pas d'amour ?
— Si. Mais un amour créateur.
Accepte les rendez-vous
où tu trouves un autre Jean-Marc
que celui auquel tu t'étais trop habituée.

L'impossible pardon

«En 1947, dans une église de Munich, j'ai aperçu mon ennemi. J'étais venue de Hollande apporter le message du pardon de Dieu à cette Allemagne humiliée par la défaite.

À la fin de ma causerie, un homme s'avance. Je le reconnais, c'était un ancien gardien de Ravensbrück. Il me tendait la main. Je voyais devant moi un de mes tortionnaires. Il ne m'avait pas reconnue, je n'étais qu'une détenue parmi des milliers d'autres. Mais moi, je me souvenais bien de lui.

– J'étais gardien à Ravensbrück, je suis devenu chrétien. Je sais que Dieu m'a pardonné, mais je voudrais l'entendre de votre bouche.

Je restais là, figée devant cet homme, incapable de dire un mot et de faire un geste. Je priais: "Jésus, je ne peux pas. Aide-moi."

Comme un automate j'ai serré cette main. Alors se produisit une chose incroyable. Un courant me passa de l'épaule au bras, et du bras dans nos mains jointes. Il réchauffa tout mon être et me fit venir les larmes aux yeux.

– Frère, je vous pardonne, m'écriai-je, je vous pardonne de tout mon cœur!

Longtemps nos mains restèrent nouées, celle de l'ancien gardien et celle de l'ancienne détenue. Je n'ai jamais connu l'amour de Dieu d'une façon si intense que ce jour-là. Je savais que ce n'était pas mon amour. Ce que je ne pouvais pas faire, le Saint-Esprit l'avait fait en moi.

Chaque fois que je dis que je ne peux pas faire telle ou telle chose, le Seigneur me répond: "Je le sais, mais je suis content qu'à présent tu le saches aussi. Maintenant tu vas pouvoir me laisser faire."»

Corrie Ten Boom
Faim-Jeûne-Partage, décembre 1991

17

La France aux Français

Jean-Marie Le Pen est un tribun habile qui séduit même des chrétiens par ses phrases simples sur la sécurité, l'immigration, la baisse de la moralité, la préférence nationale.

Tout cela est livré sous emballage chrétien, mais les responsables des Églises dénoncent ce travestissement. Une politique chrétienne, c'est autre chose qu'une politique habillée à la chrétienne.

Où est la différence ? Dans l'idée qu'on se fait de l'homme. Le Front national sépare les Français et les étrangers avec son slogan qui lui attire tant de sympathies : « La France aux Français ». Quel abîme entre cette division simplissime et les grands cris évangéliques : un homme est un homme ; tu es un homme, tu es mon frère.

Un ami, qui vit dans un immeuble investi par des Algériens et dont le fils, instituteur, peine à maîtriser sa classe superpanachée, ne peut plus supporter mon évangélisme.

— C'est trop facile quand on ne les a pas sur le dos.

Je le comprends, mais dans quel domaine l'Évangile est-il facile à pratiquer ? Pourquoi ne pas accepter que le problème des étrangers soit lourd à porter, comme bien d'autres exigences de l'Évangile ?

Les narcissiques

— Ma mère me dit que je suis narcissique.

Timothée est devant moi avec sa figure des mauvais jours. Il a quatorze ans. Il est beau, et il le sait.

— Qui c'était, Narcisse ?

— Un personnage de la mythologie. Il se trouvait si bien qu'il était pour ainsi dire amoureux de son visage.

— C'est pas bien de s'aimer ?

— Ça dépend. Il y a une manière de s'occuper trop de soi-même qui nous empêche de nous occuper des autres. Autrement dit, le narcissique est un égoïste.

— C'est pas vrai que je suis beau ?

— Physiquement, c'est vrai, mais ça ne suffit pas. Il faut aussi la beauté morale.

— C'est quoi ?

— Le souci des autres.

— Vous revenez toujours là-dessus.

— La pire laideur, c'est d'être indifférent aux autres.

— J'y crois pas. On est beau ou on est laid. Les autres ont rien à voir là-dedans.

— On t'aime au lycée ?

— Les filles oui, mais pas les garçons. Ils sont jaloux.

— Jaloux ou méprisants ? Personne n'aime les narcissiques. Il leur manque le charme de ceux qui s'intéressent aux autres. Mère Teresa n'était pas belle, mais quel sourire !

Le nouveau courage est arrivé

Il n'y aura plus de Verdun, tout le monde n'a pas le sida, mais tout le monde est appelé à de nouveaux courages. On n'en parle pas assez parce qu'ils n'ont pas de panache, et pourtant, dans un monde où la veulerie devient reine, ils permettent de mener une vie intelligente et active. J'ai repéré trois de ces courages dont nous avons de plus en plus besoin.

1. *Le courage de se faire une opinion personnelle*

Une télé nonchalamment écoutée, un journal rapidement lu, des bribes de conversation, et on affirme, on affirme, on a l'air d'être au courant de tout. Mais rien n'est précis, approfondi. On finit par n'avoir plus de personnalité. On devient l'esclave des on-dit.

2. *Le courage de nuancer*

La pente de la facilité, c'est de tout accepter ou de tout rejeter en bloc. On généralise, on dit : « Les jeunes, les vieux, les patrons, les syndicalistes, les immigrés... » Il faudrait nuancer, mais ça demande parfois un gros effort et nous avons peur de paraître trop hésitant si nous nuançons. Mais la vérité est toujours plus nuancée que le tout ou rien. Par exemple, quand des jeunes ne désirent pas se marier à l'église, c'est tentant d'affirmer : « Ils n'ont plus de religion. » Alors que les raisons de ce refus peuvent être très variées et marquer de grandes différences par rapport à la foi.

3. *Le courage de prendre des décisions et de les tenir*

C'est peut-être le courage qui est actuellement le plus menacé. Prendre une décision exige un examen, et la tenir est un test de caractère. « Je dois faire cette lettre », mais je découvre trente-six raisons de ne pas la faire. La vie devient une suite de démissions et de petites lâchetés qui ruinent notre efficacité et notre crédibilité. « Comment avoir confiance en lui ? Il tient si peu ses promesses ! »

« Vous n'êtes pas hospitalier ! »

Après une discussion très vive, quelqu'un m'a fait une remarque qui sur le coup m'a paru étrange : « Vous n'êtes pas hospitalier ! »

Ça m'a évidemment poussé à un examen. J'ai vu que je refusais trop vite, en effet, les idées différentes des miennes. Ce refus prend des formes diverses selon mes interlocuteurs. Celui-ci, je le fuis obstinément, cet autre je le contredis avec violence. Ou bien je me tais et j'impose même le silence. Mais je vois bien que je perds ainsi des possibilités de corriger mes vues trop étroites.

« Étroites. » C'est le problème. On s'enferme dans un univers de plus en plus limité parce qu'on se protège trop contre les idées qui nous apparaissent comme une menace.

On dira qu'il faut bien se protéger ? Oui, mais dans un deuxième temps. Le premier temps doit être donné à l'ouverture, c'est cela qui nous rend hospitalier. Quitte à rejeter, mais dans un deuxième temps, une idée qu'il faut vraiment mettre à la porte.

Méditation sur un tiret

1912-1994. Une vie ! Je viens de rêver un long moment sur ce petit tiret qui unit deux dates. 1912-1994, c'est la vie d'un ami. Elle paraissait longue, et pourtant les derniers mois il me disait : «Comme c'est court !»

Éternellement nous serons celui ou celle qui aura enclos, entre ces deux dates unies par un tiret, des heures de joie et de peine, de travail et de maladie, d'amour et de brisures.

De prière aussi. Quarante ou quatre-vingts ans pour vivre notre roman d'amour avec Dieu ! Rien ne m'aura autant marqué que la question d'un jeune à Taizé : «Toi, qu'est-ce que tu vis avec le Christ ?» Je suis revenu à Paris avec la hantise de ces années qui nous sont données pour nous permettre de dire à Jésus : sur la terre, j'ai vécu ceci et cela avec toi.

Et donc avec mes frères, car c'est la seule chose qu'il me demandait : aime-les. Pour quelles raisons, pour quelles fuites, ai-je cherché mille autres choses ?

Je rêve à ce petit tiret qui sera gravé sur ma tombe. Quel bouquet d'années va-t-il lier ? Quelles fleurs de vie faisaient naître ces printemps qui inlassablement revenaient ?

Nous n'aurons qu'un seul match à jouer. Si vous commencez ou si vous en êtes déjà aux prolongations, arrêtez-vous un instant pour regarder votre vie comme vous ne l'avez peut-être jamais regardée : un tout, un chef-d'œuvre à réaliser pendant qu'il en est encore temps. Avant d'arriver aux deux dates liées par un tiret.

Les questions de Karine

Karine arrive, rouge et furieuse.

– Dans le métro, un type a voulu me serrer de très près. Je lui ai marché sur les pieds et j'ai tapé dans ses chevilles. Il m'a dit : « Vous êtes folle ? – Non, mais vous, vous êtes un dégoûtant. » Pourquoi les hommes se permettent-ils cela ? C'était un vieux d'au moins quarante ans.

– S'il avait été jeune et beau tu l'aurais laissé faire ?

– Je ne sais pas. Je suis troublée. C'est ça, l'érotisme ?

– Érotisme ? Ça vient du grec *eros* qui signifie amour. Mais le mot amour a une telle amplitude qu'il va du plus grossier contact entre deux corps jusqu'au plus sublime accord entre un homme et une femme.

– Pourquoi employer le même mot ?

– Parce que c'est la même réalité, l'union des corps et des cœurs, mais avec mille nuances selon l'importance donnée au corps et au cœur. Ton histoire dans le métro, c'était le degré zéro de l'amour, où il y a seulement un corps qui veut utiliser le corps d'un autre pour se faire plaisir.

– C'est du mépris ?

– C'était du mépris, et tu as eu raison de traiter ça à coups de pied. Mais tu avoues toi-même un trouble. Toute rencontre des corps est la première onde de choc qui ira un jour jusqu'à l'amour véritable.

– C'est toujours aussi laid que ce qui m'est arrivé ?

– Non, je t'ai parlé d'un degré zéro de l'érotisme où les cœurs ne sont même pas concernés. Mais généralement la rencontre sexuelle commence par le choc de la beauté, l'émotion provoquée par un regard, une voix, une intelligence.

– Je dois rester insensible ?

– Ce n'est pas toi qui décides, c'est ton corps et ton cœur.

– On est toujours en train de jouer à l'amour ?

– Oui, on appelle ça la sexualité.

« *Je critique parce que je suis intelligente* »

— Arrête un peu de critiquer! Tu es fatigante. Tout ce que font les autres te déplaît. Est-ce que tu te crois parfaite, toi?

Annabelle me regarde, interloquée.

— Je critique parce que je suis intelligente.

C'est vrai. Elle a le don de voir très finement les défauts des gens, les maladresses, les travers ridicules. Comme elle a aussi beaucoup d'humour, en deux phrases assassines elle démolit la bonne idée qu'on se faisait de quelqu'un.

— Tu es intelligente, mais méchante.

— Je vois bien que toi aussi, tu m'écoutes.

— Tu sais, les médisances, c'est du gâteau. On apprend des choses qui rabaissent les autres et ça nous donne une meilleure opinion de nous-même. Mais ça nous fait vivre dans un mauvais climat d'antipathies. Ta belle-mère, par exemple. Au début, je l'appréciais beaucoup, mais à force d'entendre tes allusions, tes petites révélations, je la trouve moins sympathique.

— C'est vrai qu'elle n'a absolument rien de sympathique.

— Rien? Quand chez quelqu'un on ne voit que du mauvais, c'est forcément faux. Personne n'est entièrement mauvais. Suppose que tu me dises parfois des choses bienveillantes sur ta belle-mère, je la verrais autrement. Les médisants créent un monde désagréable. Tu as raison, hélas! de me dire que j'écoute parfois avec plaisir tes critiques. Mais ça ne me rend pas heureux.

Savoir regarder un handicapé

À midi, Odile nous a parlé de sa petite fille trisomique, Anne-Lise, dix ans. Elle hésitait beaucoup à le faire.

– Mais ici, nous a-t-elle dit, vous êtes un groupe très porteur. Ailleurs, il faut toujours dissimuler, ne pas y faire allusion ou être accablé par la pitié ou l'ignorance des autres. On ne sait pas regarder un handicapé mental. Anne-Lise a horreur d'être bêtement dévisagée. «Ça suffit! a-t-elle dit un jour à un monsieur indiscret, vous ne m'avez pas assez vue?»

C'est vrai que ce n'est pas facile d'avoir la bonne attitude. Anne-Lise est hypersensible, elle voudrait qu'on oublie son handicap, elle déteste ceux qui s'étonnent trop lourdement. Hier, elle me disait : «Maintenant je sais les chiffres, comme les autres.» «Comme les autres», c'est son grand refrain.

Elle est jolie, ordinairement joyeuse et assoiffée d'affection. Odile, qui a trois autres enfants, nous disait :

– Je crois bien que c'est Anne-Lise qui nous a fait comprendre la valeur de l'affection très manifestée. Elle a changé son papa, très réservé sur ce point. Quand je le vois rire avec Anne-Lise, je me dis que tout n'est pas mauvais dans cette grande peine.

Odile nous a révélé une très belle réaction :

– Le soir de l'accouchement, mon gynécologue est revenu et a fait un geste extraordinaire. S'adressant à Anne-Lise dans son berceau, il lui a dit : «Tu vas voir, tes parents sont formidables, ils vont beaucoup t'aimer.» Cette réaction nous a énormément aidés. Dans le monde du handicap, la moindre attitude de bonté intelligente a énormément de valeur.

Dix conseils pour bien vieillir

1. Ne pensez plus à ce que vous pouviez faire il y a seulement un an. Pensez à tout ce que vous pouvez encore faire maintenant, ne perdez pas une miette de vos possibilités actuelles.

2. Ne fatiguez personne par vos plaintes.

3. Changez l'attitude des gens en commençant par vous changer vous-même.

4. Ne soyez pas trop triste d'avoir tort.

5. Ne racontez plus votre bataille de Verdun.

6. Ne dormez pas trop.

7. Cultivez avec beaucoup de soin toutes les fleurs d'amitié.

8. Souriez.

9. Tordez immédiatement le cou à toute jalousie.

10. Pensez que vous pouvez enfin n'être plus que bonté.

« *J'en ai marre de passer pour une poire !* »

— À tout moment on fait appel à moi. Et zéro pour la gratitude qu'on devrait me témoigner ! Quand c'est moi qui ai besoin d'un service, on me laisse tomber. J'en ai marre de passer pour une poire !

— Qu'est-ce que ça signifie, être poire ?

— Se faire avoir.

— Non. Être étonnamment disponible.

— Au risque de se faire exploiter ?

— Sûrement. Mais si on refuse trop d'être poire, on risque de perdre l'esprit d'Évangile. Quel est le plus mauvais risque ?

La vie à la Pascal

Nous sommes tenté d'être mesquin dans deux situations opposées : quand nous devons faire quelque chose qui est au-dessus de nos forces. Alors on cale. Et quand c'est vraiment trop au-dessous de nos capacités, alors on dédaigne. Une pensée de Pascal peut nous aider à rester toujours grand : « Faire les petites choses comme grandes à cause de la majesté de Dieu qui les fait en nous. Et les grandes comme petites et aisées à cause de sa toute-puissance. »

Des deux côtés nous sommes poussé vers la grandeur. Si nous avons peur de déchoir en nettoyant les W.-C., pensons que nous sommes habité par Dieu, même à ce moment-là ! Un fils de Dieu qui nettoie soigneusement la cuvette, c'est pascalien. Jésus a dû faire ainsi très grandement de tout petits travaux.

Ce n'est d'ailleurs pas notre vraie difficulté. La mesquinerie commence dès que devant quelque chose de trop ardu nous nous dépêchons de penser : « C'est au-dessus de mes forces ! »

Quelles forces ! Là encore, c'est un fils de Dieu qui est appelé à la grandeur. Non avec des forces petitement évaluées, mais avec tout ce que Dieu nous offre quand nous voulons faire quelque chose de bien. « À celui, dit saint Thomas, qui fait ce qu'il doit faire Dieu ne refuse pas sa grâce. »

Il faut oser plonger dans cette puissance offerte. Je pense à un départ en parapente. Le saut dans le vide fait peur, mais, dès qu'on vole, il n'y a plus que confiance et joie. « Faire les grandes choses comme petites et aisées. »

« Si Dieu nous aimait »

En méditant sur «Dieu est amour», je me mets à penser : puisque Dieu est amour, l'amour doit être quelque chose d'extraordinaire. Quelque chose que nous avons à peine entrevu, malgré la Bible, malgré les saints et les plus grands mystiques.

Dieu est un monde. L'amour doit être un monde.

Dieu est joie. L'amour doit être une incroyable joie.

Dieu est paix. L'amour doit être un océan illimité de paix.

Dieu est vie. L'amour doit être la cantate de cette vie.

Nous pensons : «Si Dieu nous aimait, il ne permettrait pas tant de souffrances.» Cela veut dire : si Dieu nous aimait comme moi j'aime. Nous imaginons Dieu, nous enfermons «Dieu est amour» dans nos manières d'aimer.

Quatre fois pourtant Dieu a essayé de nous hausser jusqu'à son amour. Je relis le chapitre 16 d'Ézéchiel, sauvage roman d'un amour fou. Je relis Job, la plus violente révolte. «Dieu, je ne sais pas comment tu nous aimes!» Je relis le Cantique des Cantiques, printemps de tous les amours. Qui peut entendre le chant du bien-aimé sans rêver d'un amour devenu la fête éternelle? «Viens, ma belle, l'hiver est passé» (Cantique 2, 8-13).

Mais seul Jésus pouvait nous dire comment le Père nous aime. Sa parabole de l'enfant prodigue lui a coûté cher. «Il faut tuer, ont pensé les autorités religieuses de l'époque, un homme qui ose dire que Dieu nous aime de cette façon.»

Nous tuons Jésus en nous et autour de nous quand nous jetons le trouble sur la certitude que Dieu nous aime.

« *Sur l'océan des jours, le "je" se déclare pilote* »

À Marie et Cédric, qui me répètent : «Nous ne pouvons pas nous engager pour cinquante ans», je lis un texte de France Quéré :

«L'amour commence par l'aveu, mais il n'est pas encore la promesse. Il constate un fait et s'en enchante : "Je t'aime." Mais il ne change pas le cours des événements.

La promesse dit : "Je t'aimerai." Elle pose sur des circonstances qu'elle ignore une affirmation justifiée par une volonté personnelle.

Sur l'océan des jours, le "je" se déclare pilote. C'est mettre la décision au-dessus des circonstances. La puissance d'une volonté pose sa liberté face aux hasards des rencontres, aux humeurs changeantes, et aux événements[1].»

J'interroge les deux hésitants :

— Que pensez-vous de cette volonté invitée au long cours de l'amour ?

— Elle me fait horreur, dit Marie. Je vois mes parents qui maintiennent leur couple mort, à force de volonté et de convention : divorcer, ça ne se fait pas.

— Comment, demande Cédric, la volonté peut-elle remplacer l'amour ?

— Elle ne le remplace pas, elle le sauve dans des moments où on le croyait mort. J'ai vu des couples retrouver un second souffle en se disant : «Si on essayait ?» C'est un mot de la volonté. Alors que «C'est fini» est un mot de démission. Au lieu de dire : «Divorcer, ça ne se fait pas», il vaudrait mieux dire : «Désespérer trop vite, ça ne se fait pas.»

---

1. *L'amour, le couple*, Centurion, 1992, p. 77.

Agnès

Dans cette maison de retraite remarquablement aménagée, il y a trente-deux religieuses. Remplaçant l'aumônier pendant un mois, je suis frappé par l'ambiance paisible et souriante malgré les détresses de l'âge.

Seule fausse note, sœur Célestine. Elle se plaint sans arrêt : mauvaise nourriture, trop de lumière, trop de bruit, trop d'air. Au début, je compatissais, mais j'ai fini par la fuir. J'admire les rares compagnes qui arrivent à la supporter.

Par exemple, sœur Agnès, quatre-vingt-douze ans : un beau visage modelé par la bonté et la paix. Quand je la voyais avec sœur Célestine, je me disais : « Comment la même foi, la même vie religieuse, le même environnement peuvent-ils créer des êtres si dissemblables ? » Le dernier jour, je me suis lancé.

— Sœur Agnès, dites-moi pourquoi, vous, vous êtes si heureuse ?

Elle a rougi, hésité. J'ai insisté. Je voulais connaître son bonheur pour le redire à d'autres. Elle a fini par avouer :

— Pour la première fois je suis bien avec toutes mes sœurs. Chaque matin, j'ai toujours fait ma revue fraternelle. Quand je voyais que je n'aimais pas une telle ou une telle, j'étais malheureuse ; ici, c'était Célestine.

— Mais vous l'aimez ?

— Maintenant, oui. J'ai compris qu'elle était dépressive. Je l'ai été, je sais que c'est très lourd à porter. À présent, j'arrive à l'aimer, et je suis heureuse.

Cette étrangère

Ça ne va plus entre Véronique et Yvan. Mariés depuis deux ans, ils vont vers la rupture.

— Elle me déroute, répète Yvan. Un soir, en rentrant du travail, je me suis aperçu que je n'étais pas heureux de la retrouver. J'ai essayé de réagir, mais ça s'est aggravé. Je croyais bien la connaître, et elle me devient étrangère. Vous vous rendez compte, ma femme me devient étrangère ! Nous étions tellement transparents l'un à l'autre. Et tout à coup je dois vivre avec une étrangère. Elle fait des achats de plus en plus idiots. Elle change de coiffure sans m'avertir. Elle lit des trucs impossibles, des machins du New Age. Elle voulait se lancer dans un sport trop dangereux pour elle. J'ai dit non, peut-être un peu brutalement.

Je commençais à comprendre. Un entretien avec Véronique a achevé de m'éclairer.

— Il voudrait que j'aie tous ses goûts.

— Deux ans de fiançailles, deux ans de mariage. Il voyait bien que vous êtes très différente de lui !

— Oui, mais ça l'amusait. Il disait : « Les différences, il faut aussi les marier. » Il voulait plutôt les ignorer. Avoir sa Véronique à lui, sans surprise. Il m'imagine, ça m'horrifie. J'attendais qu'il cherche vraiment à me connaître. La Véronique d'aujourd'hui, et aussi la Véronique différente de demain. C'est comme cela que je voyais le mariage, deux étrangers pour qui leur étrangeté est une fête inépuisable.

— Et une épreuve.

— Pourquoi pas ? Nous nous étions mariés pour le meilleur et pour le pire. Le meilleur, c'est quand les différences plaisent. Le pire, c'est quand elles deviennent insupportables. Il faudrait pleurer un peu et rire beaucoup.

32

Les montagnes chinoises

Ça va un peu mieux entre Véronique et Yvan. Ils ont essayé de rire plus de leurs mésententes.

— On découvre l'humour, me dit Véronique, c'est fantastique pour vivre ensemble. On essaie d'appliquer la sagesse chinoise devant les montagnes de la différence.

— Que dit-elle, cette sagesse ?

— Supposons que surgisse un gros désaccord entre Yvan et moi. C'est d'ailleurs plus qu'une supposition, ça arrive souvent. Avant, c'était tout de suite la grande scène. Quand il disait : « C'est une montagne », je répondais : « Ce n'est pas une montagne. » Maintenant nous arrêtons la dispute en disant tous les deux : « Ce n'est qu'une montagne. » Ça nous fait rire et on peut essayer d'escalader ensemble cette montagne. En fait, avec le rire, la montagne fond. C'est quand même étonnant de voir comment on arrive à transformer les petites différences en grosses montagnes. J'aime l'ordre, Yvan est désordre. Mes remarques continuelles l'énervaient sans résultat. Maintenant, il me dit : « Un peu d'humour, madame, ce n'est qu'une montagne. » De mon côté, j'ai un assez gros défaut : Yvan est d'une exactitude presque maniaque, et moi, je suis toujours en retard partout. Quand il se fâche, maintenant, je lui dis : « Un peu d'humour, monsieur, ce n'est qu'une montagne. »

La prière de silence

Après un exposé sur l'oraison, Arnaud, jeune séminariste, est venu me trouver :

— Je sens que l'oraison, c'est très important pour moi. Mais je ne vois pas comment on peut rester trente minutes devant Dieu sans rien faire. Je m'ennuie, je m'énerve, je m'égare dans toutes sortes de rêveries. C'est du temps perdu, de la paresse. Expliquez-moi bien ce que je dois faire.

— Rien. C'est le grand secret et la grande difficulté de l'oraison comme on la pratique depuis quelque temps, surtout chez les jeunes. On ne cherche pas à produire de belles pensées, à exprimer des sentiments, à prendre une forte résolution.

— Ça, c'est la méditation ?

— Oui, et c'est très bien. La méditation a construit et construira encore de grands saints. L'oraison de silence n'est pas du tout contre cela. C'est autre chose. C'est une oraison de pure écoute de Dieu.

— Mais il ne me parle pas !

— Nous lui parlons beaucoup et ça parle beaucoup en nous. L'oraison est la seule prière où plus rien ne compte pour nous, que le silence et la présence.

— On se fabrique cette présence, c'est de l'illusionnisme !

— Non, Dieu habite vraiment en nous, mais nous sommes rarement là uniquement pour lui.

— Dieu et moi ! Ça sent l'égoïsme.

— Ça peut être égoïste, un confort spirituel de luxe. Mais c'est de la fausse oraison. Quand on sort de la vraie, on a très envie d'être frère au maximum.

— Comment voir la différence ?

— En vérifiant opiniâtrement notre vie fraternelle.

« Comme le Christ aime l'Église »

Mme Rabine est très gênée. Je prépare Marylène, sa fille, et Alex, le fiancé, à leur mariage.

— Ils n'arrivent pas à comprendre vos explications. Alex m'a dit : « Il paraît que je dois aimer Marylène comme le Christ aime l'Église. » Il trouve ça bizarre, et moi aussi. S'ils s'aiment bien entre eux, ça suffit, non ?

— Tout dépend de ce que vous mettez dans « Ils s'aiment bien ». L'amour conjugal est quelque chose de magnifique, mais qui peut se refermer sur lui-même, devenir un égoïsme à deux. Le sacrement de mariage veut ouvrir cet amour à une autre dimension, à un amour qui prend pour modèle l'amour que Jésus nous a enseigné et qu'il vit lui-même.

— En aimant l'Église ? Drôle d'amour ! Aimer ce grand machin, cet ensemble d'hommes et de femmes, de bâtiments et de cérémonies.

— Jésus n'y voit qu'une chose : comment ces hommes et ces femmes s'aiment-ils ? Et comment, en s'aimant, répandent-ils l'amour dans le monde ? L'Église est un immense lieu d'apprentissage et de diffusion de l'amour.

— Vous croyez ?

— Beaucoup d'époux chrétiens essaient de s'aimer entre eux, mais aussi d'aimer ceux qui vivent autour d'eux. C'est l'autre dimension de l'amour conjugal chrétien. Marylène et Alex sont invités à aimer comme Jésus nous enseigne à aimer, et comme lui-même nous aime, rassemblés en Église, rassemblés dans l'immense peuple qui doit finalement former l'humanité. Une église pleine le jour d'un mariage, c'est le signe que le jeune couple entre dans une communauté de l'amour où il aura à formuler sa propre parole d'amour. Mais « dans le Seigneur », c'est-à-dire en aimant très largement, à la manière du Christ.

Mme Rabine revient

— J'ai bien aimé l'idée que le couple chrétien doit être un très large foyer d'amour. Mais le sacrement ne joue-t-il pas sur l'amour même du couple, sa vie intime ?

— Bien sûr, et dans l'optique chrétienne les deux choses sont étroitement liées. Il n'y a qu'un amour. Le mariage religieux n'ajoute rien à l'amour conjugal, mais il le maintient ouvert. Et déjà entre les époux.

— Ouvert à quoi ?

— À la différence.

— Ça y est, on y revient ! Pourquoi devenez-vous si bavard sur la différence ?

— J'y suis venu trop tard. Ces temps-ci je découvre tout ce que j'ai manqué en la repoussant très souvent. Elle est Dieu même.

— Doucement !

— Si ! Quand nous communions profondément à une différence nous communions à Dieu, Père, Fils et Esprit. Mais il faut bien avouer qu'à cette altitude elle est un insondable mystère et, en arrivant jusqu'à nous, ce mystère nous déconcerte et nous irrite.

— Quel mystère ?

— Au point de départ, c'est évidemment la division. Mais au point d'arrivée elle peut être l'amour. Dans l'évangile de Jean, au chapitre 6, on voit à quelle résistance s'est heurté Jésus quand il a voulu révéler le grand mystère : « Le Père et moi nous sommes un. » Si nous voulons expliquer cela à un musulman, il hoche la tête : « Non, si Dieu avait un fils cela ferait deux dieux. » La fusion sans confusion du Père et du Fils, l'unité trine de Dieu, nous reste inaccessible mais elle nous donne la certitude que la différence peut se resserrer en amour. Depuis que j'entrevois cela, la différence continue d'engendrer en moi des agacements et des peurs, mais je veux transformer ce recul en attrait. Et, pour en revenir au couple, l'ouverture à leurs propres différences va beaucoup les aider à vivre dans notre monde de la différence.

Le test de la paix

1. Croyez-vous qu'un sourire est plus fort qu'une arme ?

2. Pouvez-vous regarder n'importe quelle autre personne avec un peu d'amour ?

3. Préférez-vous jouer la confiance plutôt que le soupçon ?

4. Pensez-vous que c'est à vous de faire le premier pas ?

5. Pouvez-vous vous réjouir de la joie de votre voisin ?

6. Est-ce que l'injustice qui frappe les autres vous révolte autant que celle que vous subissez ?

7. Est-ce que pour vous l'étranger est un frère mis sur votre route ?

8. Est-ce qu'en partageant votre pain vous y ajoutez un morceau de votre cœur ?

9. Pouvez-vous écouter le malheureux qui vous fait perdre votre temps et lui garder votre sourire ?

10. Pouvez-vous accepter une critique et en faire votre profit sans vous défendre ?

11. Est-ce que vous croyez que la paix est possible ?

Totalisez vos oui. À 10, vous avez ce qu'il faut pour être un artisan de paix. À 7, vous devez faire une révision complète de votre caractère. À 3 et moins... priez.

D'après Pierre Guilbert

Prier dans une grande détresse

«En novembre 1975, un révolutionnaire blessé, qui tentait d'échapper à la police secrète, recourut à moi pour se faire soigner : cela me valut arrestation et torture. Je passai en détention huit semaines, dont trois au secret, et durant ce temps je me crus souvent tout près de la mort.

Cette période de souffrance, d'isolement et d'extrême angoisse fut pour moi un moment d'expérience religieuse profonde qui, je crois, continue d'exercer son influence sur toute mon attitude. Alors que, de moi-même, je n'aurais jamais affronté de telles souffrances, je considère maintenant comme un privilège d'avoir eu part aux tourments des peuples opprimés dans le monde et ainsi, d'une façon mystérieuse, à la Passion du Christ qui se prolonge.

Liée nue sur un lit, les yeux bandés, sans aucun secours extérieur et livrée à une douleur violente, je sentais que je souffrais la Passion du Christ d'une façon étrangement présente, nullement en spectatrice, mais comme y participant. Je n'eus jamais le sentiment d'être abandonnée par Dieu ; mais jamais non plus celui d'un réconfort particulier venant de sa présence. Durant ce temps je savais simplement qu'il était là, près de moi.

Lorsqu'on est soumis à une douleur très vive et à l'angoisse, il est extrêmement difficile de prier d'une manière cohérente. Il ne m'était possible que d'élever mon esprit vers Dieu à travers les tourments et de demander la force de tenir. Je pense que ma situation, si particulière qu'elle fût, est comparable à l'expérience de beaucoup de gens qui sont sans secours et livrés à la douleur : pas de place pour de longs discours, mais seulement pour essayer en tâtonnant de saisir la main de Dieu. »

Sheila Cassidy, doctoresse américaine jetée en prison
et torturée au Chili

Dire l'amour de Dieu avec nos mots d'amour

Un ami prêtre, aumônier dans une maison de retraite, me confie sa peine de ne pouvoir apaiser chez certains anciens la peur de mourir.

– Ce ne sont pas les souffrances qu'ils craignent, ils sont si faibles qu'ils s'éteindront doucement. Mais ils ont peur du Dieu juge. Quand je leur dis qu'ils vont être accueillis par un Père infiniment bon, ils me répondent : « Vous êtes bien gentil, mais je sais ce qu'on nous a enseigné. » Une dame me disait que, quand elle était toute petite, sa mère lui répétait : « Dieu te voit, tu ne peux pas échapper à son regard qui te juge. »

Quelle formation religieuse ! Parler d'un regard auquel on ne peut échapper, sans bien montrer que ce regard est un regard d'amour. C'est du passé, mais comment met-on maintenant les enfants sous le regard de Dieu ? La plupart, hélas ! ne sauront même pas que Dieu les regarde, et ceux qui entendent parler de Dieu sont-ils bien placés sous un regard d'amour ? On répète devant eux : « Si Dieu était bon... » C'est une phrase poison.

À nos enfants nous donnons « notre » Dieu. Plus tard nous dirons : « J'ai voulu leur transmettre ma foi. » Quelle foi ? Quel Dieu ?

Ils abandonneront vite Dieu s'ils ne voient pas son amour dans l'histoire du monde et dans leur propre vie. Difficile ? Oui, il faut une éducation du regard, une éducation de la foi.

Pourquoi ne pas utiliser beaucoup plus la Bible ? Elle est une longue histoire d'amour : « Tu seras mon peuple, je serai ton Dieu. » Le vrai Dieu n'a cessé d'utiliser les mots d'amour des hommes pour leur révéler son propre amour.

Dans une réunion de foyers, j'ai lu le chapitre 16 d'Ézéchiel. À la fin il y a eu un grand silence, puis une voix a dit : « On ne nous parle pas assez de Dieu avec nos mots, avec nos mots d'amour. »

Mode d'emploi de la télé

1. Ne pas l'allumer au hasard sans avoir choisi un programme.

2. L'éteindre dès la fin de l'émission choisie.

3. Accepter le choix des autres sans faire toute une histoire parce que nous aurions préféré autre chose.

4. Discuter de ce qu'on aura vu, pour faire de la télé un instrument de communication et non une noyade dans la solitude.

Aveux pour une confession

Je ne regarde pas les pauvres, je ne m'intéresse qu'aux gens « bien ».

Je perds mon temps à prier parce que je ne change pas ma manière de me comporter envers mes frères.

Je laisse s'étioler en moi le seul grand désir chrétien : que les hommes soient frères.

Je ne vois dans les autres que ce qui me gêne ou m'est utile.

Je ne lis pas assez l'Évangile avec sa musique de fond : la volonté de changer le monde où nous vivons en y faisant progresser la fraternité.

Je ne cherche pas assez à progresser dans l'amitié avec Jésus par le souci obstiné de faire fraternité.

Je crois trop qu'annoncer le Royaume, c'est seulement exposer des idées.

Je ne cherche pas une vie réellement pauvre, progressivement simplifiée.

Mais je n'ai pas encore compris que le Christ ne veut pas la pauvreté. Il veut la fraternité.

Je n'ai pas accepté une des idées maîtresses de l'Évangile : où le pauvre n'entre pas, le Christ n'entre pas.

En lisant Arturo Paoli, *Inventer la fraternité*, Centurion.

41

Pour répondre à Aurélie, huit ans

La petite Aurélie me demande : « Pourquoi Dieu ne répond-il pas quand je lui parle ? » Il n'est pas facile de répondre à ces questions d'enfant, on est trop sérieux ou pas assez. J'ai trouvé un modèle dans *Le petit livret des grandes questions* [1].

Qui t'a dit que Dieu ne te répond pas ? C'est vrai qu'il ne t'appelle jamais au téléphone et n'envoie jamais de lettre en réponse à tes prières. Mais Dieu a tellement d'autres moyens pour te parler ! Il n'est pas obligé d'avoir une conversation pour te répondre. Il n'est même pas obligé de se servir de mots pour te parler.

Dieu parle sans causer. Il te fait des signes que toi seul peux comprendre. Il glisse la joie dans ta vie, il met la paix dans ton cœur, il te donne parfois d'un seul coup une idée ou il se mélange à tes rêves. Il peut mettre ses mots dans ceux de tes parents, de tes grands-parents, de tes amis.

Dieu se sert des mots des autres pour te répondre. Il ne crie pas. Il ne monte pas le son. Il est discret. Il te respecte. Dieu te parle tout doucement au cœur.

---

1. Bayard Presse.

Petite pratique de dévotion mariale

Marie est essentiellement puissance d'attraction au Christ. Le test de notre dévotion mariale, c'est la force de notre union au Christ.

Ne rien ajouter à l'Évangile, mais le scruter.

Marie est le modèle d'adhésion dans la nuit. « Elle ne comprit pas » est tout de suite suivi par : « Elle méditait dans son cœur. » Ces deux paroles nous révèlent le secret de sa foi dans la nuit.

Pour ce qui concerne sa virginité, aller tout de suite à l'essentiel : la pure virginité, c'est le pur oubli de soi pour pouvoir se donner entièrement.

Les quatre piliers de la dévotion à Marie :
1. « Elle méditait dans son cœur. »
2. « Fiat. »
3. « Je suis la servante des desseins de Dieu. »
4. « Faites tout ce qu'Il vous dira. »

Et après la mort ?

Grande discussion au déjeuner : est-ce qu'il y a quelque chose après la mort ? Marilou vient de perdre sa maman et elle nous racontait qu'au cimetière elle se disait : « Elle n'est plus rien. Son corps va pourrir. Pendant quelque temps nous parlerons beaucoup d'elle, et puis son souvenir s'estompera. Plus rien ? Ce n'est pas possible ! »

Janine, soixante ans, catholique pratiquante, a été très simple, comme d'ordinaire : « Moi, je crois à ce qu'on m'a enseigné. Les morts restent des vivants qui un jour vont ressusciter. En attendant, on peut garder des liens avec eux, je fais dire des messes pour mes parents, je prie pour eux, je leur demande aussi un coup de main. »

La conversation est devenue très animée et confuse. J'en ai gardé pourtant quelques idées :

1. Ce qui compte, c'est la vie, et jusqu'au bout. « Même le mourant est un vivant », a dit Catherine, qui fait de l'accompagnement des mourants.

2. On ne veut plus entendre parler de l'enfer. Et pas non plus du ciel, on a peur de s'ennuyer, avoue Damien. Du coup, j'ai répété ce que Madame Soleil m'a dit dans une interview : « Le jour de ma mort je me dirai : ça y est ! On va voir Dieu, on va commencer avec lui une vie étonnante. »

3. On ne sait rien sur ce qui se passe après la mort, affirme Patricia. La preuve, c'est que les curés n'en parlent plus, même aux obsèques.

Le soir, j'ai relu un livre que je vous conseille fort : *La vie au-delà de la vie*[1], excellente remise à jour de « la fabuleuse espérance chrétienne ».

---

1. De Michel Hubaut, Desclée de Brouwer, 1994.

Dieu ne peut pardonner qu'à un pardonnant

Père, pardonne-nous *comme* nous pardonnons. On peut se tromper sur le sens de ce « comme ».

Nous n'achetons pas le pardon de Dieu avec nos propres pardons à l'égard de nos frères.

Ce n'est pas non plus un marché de mérites : je mérite ton pardon puisque moi aussi je pardonne ceci et cela.

C'est une question plus large de cœur toujours prêt au pardon. Dieu ne peut pardonner qu'à un pardonnant « chronique », si j'ose dire, parfaitement accordé à Dieu qui pardonne toujours. Ce n'est plus un marché, c'est l'harmonie de deux cœurs.

Nous vieillirons ensemble

Mon vieil ami Hubert me parle avec effarement du probable divorce de sa fille.

– C'est incroyable ! Deux ans de mariage. Un couple sensationnel. Dans la famille, on me dit : « Mais, Papy, tu es nettement dépassé. Ces choses-là, ça devient courant. » Et alors, qu'est-ce que c'est, ce monde où on cède si facilement à un courant ? Et pourquoi ne pas opposer un courant à un autre ? Il y a aussi le courant « nous vieillirons ensemble ». On devrait glisser ça dans la cérémonie du mariage.

Quand je vois tout ce que nous vivons avec mon épouse, je me dis que l'allongement de la vie est un merveilleux cadeau pour les couples. Nous aurons eu le printemps de l'amour fou à deux et l'été de l'amour en famille avec les histoires de vie de nos trois filles et de notre fils. Maintenant, c'est l'automne d'une nouvelle vie à deux, la découverte d'une amitié absolument unique. Sans les vieux couples, le monde ne connaîtrait pas vraiment la tendresse.

Maryse et moi, nous avons découvert une inscription dans un cimetière italien : « Elle ne m'a causé qu'une peine, celle de mourir. » C'est notre cas, en mourant, je pourrai dire à Maryse : « Tu ne m'as apporté que des joies. »

Et même la mort ne sera pas une peine, puisque nous avons la certitude de n'être pas séparés.

Mais comment dire à ma fille et à mon gendre qu'ils vont perdre le plus grand bonheur de la vie : vieillir ensemble ?

Profanation ?

Au moment où des Africains sans papiers s'étaient réfugiés dans l'église parisienne Saint-Bernard, un dirigeant du Front national proclamait devant les micros son indignation : « La présence dans une église de ces étrangers doublés de musulmans constitue une profanation du lieu saint. »

J'ai admiré la réponse de Pierre Pierrard dans *La Croix*.

« Non seulement la présence de ces Africains ne profanait pas l'église, mais au contraire elle la sanctifiait. Ne jamais recevoir de véritables pauvres dans la plupart de nos églises est une profanation par défaut. Il ne suffit pas de répéter que nous, catholiques, nous avons fait l'option pour les pauvres. Quand l'occasion se présente d'opter charitablement pour eux, il ne faut pas la manquer ! »

Pour ce qui concerne ce fait divers de l'été 1996, on peut n'être pas d'accord sur tel ou tel point. Je retiens seulement la remarque de Pierre Pierrard : la généreuse option pour les pauvres n'a aucune valeur tant qu'elle ne s'incarne pas dans des gestes précis. Et dans des convictions qui résistent à l'insolite.

L'occupation d'une église est insolite et dérangeante, mais dans ce cas ce n'était pas une profanation. Ces pauvres étaient pleinement chez eux, puisqu'ils étaient chez Jésus. Et ils n'étaient pas des étrangers, aucun homme n'est étranger à Dieu.

S'il y a quelque chose de saint dans une église, c'est la présence aimante de Jésus et la présence suppliante de toutes les sortes de pauvreté. Cet épisode des sans-papiers aura fait faire à beaucoup un examen de conscience : je suis chrétien, et donc pour les pauvres. Mais comment ?

Bien accueillir une remarque agressive

Isabelle est furieuse. Catéchiste réputée, elle nous explique comment elle a été prise à partie par une maman mécontente.

— Elle m'a dit : « Au lieu de raconter aux enfants vos histoires, vous feriez mieux de leur apprendre la morale et à respecter leurs parents. » J'ai répondu que le but du catéchisme, ce n'est pas d'apprendre la morale et la politesse, mais d'apprendre...

— Apprendre quoi ?

— Dieu. Voyons !

— Non. Dieu par l'amour. Mais vous, vous n'étiez pas en état d'amour. Sinon vous auriez deviné que cette maman avait plus besoin d'être écoutée dans ses difficultés de maman que de recevoir une théorie sur le catéchisme.

Pour accueillir comme il faut une réflexion irritante ou une question difficile, nous ne devons pas répondre à quelque chose de purement théorique, mais à quelqu'un. Autrement dit, ne pas séparer la question de celui qui la pose.

Surtout quand il s'agit de questions sur la foi. Nous agissons comme si la foi était d'abord et uniquement un ensemble de vérités à connaître et d'idées à défendre. Notre souci de répondre nous maintient plus devant des idées que devant des personnes. Nous recevons la question embarrassante ou l'affirmation brutale d'une manière négative, comme une attaque, alors que c'est souvent le signe d'une inquiétude, d'une recherche.

Accueillir dans une ambiance fraternelle une question religieuse nous laisse avec le Seigneur, et non avec notre science et nos humeurs.

Une religion heureuse ?

En écoutant la conversation à midi, je me disais qu'un virage est pris : les croyants d'aujourd'hui veulent une religion heureuse. Ils rejettent les lourdeurs de la religion d'hier : les obligations (messe et prières), la menace de l'enfer, l'obsession de la faute sexuelle, la glorification de la souffrance. Pour eux, Dieu est bon, un point c'est tout. Si on affirme qu'il est amour, soyons logiques : il veut notre bonheur.

Bien, mais alors il faut arracher beaucoup de pages de nos évangiles. Ces exigences qui faisaient dire aux apôtres : « Qui peut être sauvé ? »

Jésus a répondu par la notion de l'impossible-possible : ce qui est impossible aux hommes est possible pour Dieu. Il peut nous mener au bonheur sur des routes très difficiles.

Sans l'affrontement, grâce à Dieu, de l'impossible, la religion « heureuse » peut très vite devenir une religion qui ne tient pas le coup. Passent devant mes yeux tant de drames : la maladie mortelle d'une splendide fille de vingt ans, le suicide d'un fils, la menace d'un divorce, la découverte d'une homosexualité, un veuvage impossible à supporter. La religion heureuse fait place alors à une tristesse qui nous éloigne de Dieu.

La saine réaction de certains (on sent l'influence de Thérèse de Lisieux), c'est de se jeter dans la confiance. Folle, inconditionnelle : Seigneur, je ne sais pas, en ce moment, comment tu m'aimes, mais je sais que tu m'aimes.

Dans la douleur peut naître une paix qui paraissait impossible. C'est cela, la véritable religion heureuse.

Karine veut se lancer dans l'oraison

Karine, au téléphone : « Je veux me lancer dans l'oraison… Non, pas des titres de livres… Donnez-moi trois minutes pour mes questions… J'arrive ! »

— Quelle attitude ?

— Le demi-lotus, puisque tu fais du yoga. L'essentiel, c'est la rectitude de la colonne vertébrale.

— Quel lieu ?

— N'importe où, pourvu que tu trouves un peu de silence.

— Combien de temps ?

— Une demi-heure tous les jours, de préférence le matin.

— Il y a des gens assez fous pour faire oraison tous les matins ?

— Oui, mais pas par pure volonté, par amour. C'est exactement ça, l'oraison. On a tellement envie de rester en silence devant Dieu qu'on arrive à arracher trente minutes par jour à la vie la plus chargée.

— Qu'est-ce qu'on fait pendant ce temps-là ?

— Rien ! Surtout rien.

— Je vais me faire bouffer par les distractions !

— Tu sais, l'appel à l'oraison, c'est avant tout une grâce, compte sur Dieu. Ce sera lui, le producteur.

— De quoi ?

— De ton bonheur d'être là. Parfois des désirs de mieux faire telle chose, d'accepter des gens. Sûrement un apaisement. Ne sois pas gourmande, impatiente, vérificatrice. Essaie seulement de laisser Dieu te faire la cour pendant trente minutes.

Se recentrer

Dans *Mon expérience de Dieu*, Kelly lutte contre le dualisme tenace qui nous pousse à mener des vies parallèles : la vie intérieure avec Dieu et l'activité extérieure avec nos frères.

Comment faire l'unité ? Pas en revenant de la vie extérieure vers Dieu, mais en partant toujours de notre vie intérieure. C'est une spiritualité du recentrement.

Idée maîtresse de Kelly : tout dépend, d'abord et toujours, d'une forte vie intérieure. C'est seulement de là que peut jaillir une pure et inlassable sollicitude pour nos frères.

L'homme-agenda est un conglomérat de dix excités qui mesurent chacun leur temps et tirent une vie à hue et à dia. L'homme recentré, et donc unifié, organise calmement sa vie.

Il y a tout de même un secret ? Oui, la simplification de la vie par un but unique : faire ce que, dans l'instant, Dieu attend de nous. Concrètement, cela exige de ne pas perdre son regard.

C'est évidemment très théorique tant qu'un feu ne s'allume pas en nous : « Tu aimeras le Seigneur ton Dieu de tout ton cœur, de toutes tes forces. »

Est-ce que ces mots, demande Kelly, nous brûlent ? Si oui, nous pouvons devenir l'exploiteur intelligent des silences qui dans une journée nous permettront de mener une vie enracinée dans l'amour.

— Je ne peux pas, pensons-nous.

— Tu ne veux pas, réplique Kelly. Tu as besoin, c'est certain, de trente minutes chaque matin pour te recentrer devant Dieu. Mais ensuite, tu peux utiliser sans cesse et sans grand effort ces précieux petits silences qui te font revenir à ton centre. Tu n'as rien à surajouter, tu n'as qu'à revenir obstinément au centre.

Pratique de la vie recentrée

Prenez, conseille Kelly, de fréquents bains d'amour : brève prière, élan, adoration intérieure. Cela purifie notre regard sur nos frères et sur nos tâches. Peu à peu, de notre centre naissent des vues apaisées et plus justes sur nos obligations réelles.

Premier pas dans la construction du monde ? Une vie intérieure radieuse. Tu donnes alors à tes frères plus que du dévouement et de la pitié, tu leur communiques l'amour, mais seulement lorsque en toi règne l'amour.

Ne prends que des décisions venues de ton intérieur. Atteins un degré d'extrême sensibilité à la voix de Dieu.

Commence cette vie intérieure avec Dieu *tout de suite*. Là où tu te trouves, comme tu es.

Obéis à Dieu maintenant avec ce que tu as maintenant d'obéissance. Elle grandira. Si tu ne commences pas, comment grandirait-elle ?

Si tu as un peu abandonné Dieu, ne perds pas de temps à hésiter et à chercher comment bien repartir. Repars ! Pas de regard sur toi, mais sur Dieu.

Vivre plus consciemment

— Je suis de plus en plus superficielle, nous a lancé Juliette. Je fais des choses à la queue leu leu. D'une manière si routinière, si peu engagée que, le soir, je me demande comment ont coulé ces heures qui ne m'ont rien apporté, et pendant lesquelles j'ai si peu apporté à d'autres.

J'essaie de réfléchir sur cette vie somnambulique si bien décrite par Juliette. Elle semble d'abord trop morcelée. Tout se succède et coule sans un fil rouge qui donnerait plus de cohésion. Par exemple, « c'est moi qui suis en train de faire cela et je pourrais le faire mieux ».

C'est surtout une vie au balcon. Je regarde, je reçois sans me sentir vraiment concerné. Tout devient un spectacle dont je ne suis ni l'auteur ni l'acteur.

Je vois bien que c'est une vie faible. Comment la rendre plus puissante ?

Premier moyen : revenir à l'oraison matinale quotidienne. Depuis quelque temps j'y suis infidèle. Je trouve des raisons de ne pas la faire, alors que je sais très bien qu'il n'y a pas de raisons.

Deuxième moyen : valoriser le plus possible toute information par la réflexion. Je prends seulement l'exemple de la lecture du journal. Je tombe sur un article que je devine nourrissant. Pas la peine de me dire : « J'y reviendrai plus tard. » Je n'y reviendrai pas. Il vaut mieux que j'arrête la lecture superficielle de tout le journal pour assimiler seulement ce bon article. Si un événement important revient pendant plusieurs jours à la télé, je vais essayer de me documenter pour bien comprendre de quoi il s'agit et me faire une opinion sérieuse.

Troisième moyen : dès qu'une information par la lecture ou la conversation me paraît importante, voir si elle peut me donner quelque chose à vivre.

Tout cela a l'air un peu moralo et tristounet. Faut-il vivre si enchaîné ? Réponse : veut-on vraiment vivre ?

Un seul admirait

Apologue chinois rapporté par René Huyghe : un moine, un bandit, un peintre, un avare et un sage chassés par un violent orage découvrent une grotte splendide.

Le moine s'écrie : quel magnifique ermitage !
Le bandit : quel refuge !
Le peintre : que de tableaux à réaliser !
L'avare : c'est excellent pour cacher un trésor.
Le sage ne dit rien : il admire.

Rareté de la pure admiration. Toujours s'interpose un «à quoi ça pourrait servir ?». Même le touriste ébloui noie son admiration dans l'affairement : réussir à tout prix ce cliché !

Peut-être s'interpose aussi entre Dieu et nous la pensée de réussir quelque chose. Une belle prière, une belle messe, une rencontre enfin sentie, une prière qu'il pourra exaucer.

Avancer parfois dans la très pure admiration. Penser enfin à Dieu en sortant totalement de moi. Même si je ne sais pas grand-chose de Dieu, j'en sais assez pour l'admirer.

Beauté, intelligence, puissance, bonté. Revenir de temps en temps à la litanie de l'admiration. «Ô mon Dieu, tu es beau, tu es grand !»

« *Pourquoi tu le fais pas ?* »

En interviewant une catéchiste suisse, l'abbé Joseph Beaud note les remarques des enfants par rapport à leurs parents :

— On nous prépare à la première communion, mais il semble que nos parents ne crochent pas. Nos parents ne prient pas, ils ne nous en parlent pas. Et ils vivent quand même !

On notera la dernière exclamation. Plus le catéchisme les ouvre à l'importance de Dieu, plus les enfants se demandent comment leurs parents peuvent vivre sans Dieu. Avec beaucoup de retenue, la catéchiste affronte ce problème.

— Nous devons être attentives à ces questions et ne pas trop juger. Les adultes n'ont malheureusement pas évolué, les choses sont allées trop vite, mais les enfants peuvent être un chemin. Après une messe des familles, un homme m'a dit : « Avant, nous obéissions aux parents pour aller à la messe. Maintenant, ce sont les enfants qui nous font aller à la messe. »

La notion de témoignage s'étend de plus en plus. « Si tu me dis que c'est bien, pourquoi tu le fais pas ? » On voit mieux pourquoi dans l'Évangile Jésus insiste tant sur la pratique. C'est un peu trop commode de dire ce qu'il faut faire sans le faire.

Savoure ta vie

À midi, prends toujours au moins quelques minutes pour retrouver le contact avec la Présence. Mets-toi extérieurement en repos et intérieurement en silence.

Répète très doucement : « Je suis là, et Tu es là. »

Adoration et bonheur.

Dieu réalise son dessein d'amour sur toi en entrant dans tes instants. Si tu communies à l'instant, tu communies à Dieu. Offre une totale disponibilité à son action et chacun de tes instants deviendra une parcelle de ton histoire sainte.

Ne rejette rien de ton temps. D'après Emerson, l'instant n'est pas qu'un souvenir ou une espérance, il n'est pas qu'un chemin qui vient du bonheur et y va : c'est le bonheur !

Chaque fois que tu vis vraiment un instant – facile ou difficile –, tu vis à fond, c'est cela le bonheur.

Le grand exemple : de sa mort imposée par les événements, Jésus a fait le plus intense acte d'amour.

C'est dans l'instant présent que tu touches Dieu. Il est avec toi là où tu es. Tu n'es pas dans ton passé ni dans ton avenir.

L'instant présent est la terre de l'action de Dieu parce qu'il est la terre de ta propre présence et de ton action. Quand, avec Dieu, tu mènes une vie conjointe, tu savoures ta vie.

Trois armes contre les agressifs

Dans un livre très utile, Alain Houel nous apprend à vivre avec les trois grandes races de gens difficiles : les agressifs, les plaignards et les trop silencieux. Paru sous le titre : *Comment faire face aux gens difficiles ?* [1], cet ouvrage commence par présenter les trois armes qui permettent d'évoluer au milieu des gens à problèmes.

Il y a d'abord les boucliers intérieurs. Par exemple, cette affirmation qui est le meilleur bouclier émotionnel : quoi qu'on me dise ou me fasse je vaux ce que je vaux, et je reste calme. Méthode Coué ? Pourquoi pas ?

Il y a ensuite l'arme verbale. Mais la parole doit être utilisée d'emblée comme arme d'apaisement, sinon on tombe dans le néfaste ping-pong verbal où chacun ne cherche qu'à vaincre l'autre. L'escalade est garantie et on arrive vite aux mots très méchants qu'on ne pourra plus oublier. En cas d'agression verbale, ne jamais répondre à l'agressivité par l'agressivité. Prendre, s'il le faut, un petit temps de réflexion pour rétablir notre calme et être sûr que nous allons donner des chances à une bonne discussion ou à de possibles négociations.

Il y a enfin l'humour, arme merveilleuse contre les agressions feutrées. Par des allusions, des mimiques et des médisances l'adversaire (généralement assez lâche) essaie de nous faire du mal sans nous attaquer de front. L'humour permet de garder une distance amusée et de transformer une minitragédie en comédie. Cela exige de ne prendre personne trop au sérieux, ni les autres ni nous-même.

Rien de tel aussi que l'humour pour détendre quelqu'un qu'on sent prêt à être agressif. L'humour cordial fait oublier la distance de l'âge, de la culture, du milieu social et même des options politiques.

---

1. Éd. Dangles, 1992.

Le ressentiment

Dans le même livre d'Alain Houel, un chapitre m'a spécialement intéressé : le problème relationnel du ressentiment.

Au démarrage, quelqu'un nous déplaît : attitude, impolitesse, parole désagréable, moqueuse.

C'était peu de chose, mais le grief va prendre une importance démesurée par accumulation. Désormais tout ce que fait et dit cette personne est pris par le mauvais côté et aggravé par la rumination. Là où l'oubli aurait dû jouer très vite, une mémoire maladive nous fait ressentir trop intensément le désagrément ou l'affront comme une plaie qui reste à vif.

Le remède, c'est l'explication. D'abord avec soi-même. Est-il bien sûr que X ait voulu me vexer ? Est-ce tellement grave ? Si je dévoilais à X les ravages que cela provoque de plus en plus en moi, il n'y comprendrait rien, il en sourirait, il me prendrait pour une petite nature trop susceptible.

Justement, voilà le possible remède : m'expliquer avec lui. Rire avec lui de ce malentendu.

Mais cela peut être plus grave : nous ne sommes vraiment pas faits l'un pour l'autre. Alors, il faut essayer à tout prix de ramener le ressentiment à un simple désagrément.

Peut-être suis-je plutôt appelé à pardonner ? Cette injonction évangélique qui restait jusque-là très théorique est devenue pour moi une forte exigence si je veux vivre fraternellement.

Surtout ne pas imaginer que ce ressentiment à l'égard d'une seule personne n'est pas très grave. Cela suffit parfois pour attraper une bien vilaine maladie : la rancune.

Le vœu de célibat

Je suis allé à une cérémonie de profession religieuse avec Pablo, dix-neuf ans, un copain de Marion, la nouvelle professe. À la sortie nous allons prendre une bière. Il est tout songeur.

— Je repense à ce que disait le curé. Alors, Marion ne pourra jamais fréquenter un garçon ? Pour une belle fille comme elle, c'est pas humain.

— Maintenant, pour Marion, rien ne doit être plus important que Jésus.

— C'est ça, ce qu'il appelait le vœu de célibat ? Elle ne pourra plus regarder les gars ?

— Si, mais elle s'intéressera à leur personnalité, à leurs engagements fraternels. Elle ne fera pas une fixation sur un seul. Elle aura le souci des paumés, des mal-aimés.

— De Mario qui se drogue ?

— De Pascal, si malheureux avec son beau-père. De Renaud qui est en train de mal tourner. Elle pourra s'occuper de tous, son célibat lui donnera un cœur très large.

— Ça va la rendre heureuse ? Qu'est-ce qu'il voulait dire le curé à propos de la tristesse ?

— Il lui a dit : « N'acceptez désormais aucune tristesse. Votre célibat religieux doit être une vie remplie par la joie d'aimer. »

— Même quand il faut aimer des gens pas possibles ?

— Il n'y aura plus pour Marion des gens pas possibles.

— Vous planez ! Pour vous, être fraternel, ça règle tout !

— Jésus planait. Tu sais bien qu'il a dit : « Je ne vous demande qu'une chose : aimez-vous. » Si on essaie, on a tout gagné.

Accepter ou consentir

Je viens de lire deux cents pages terribles sur la douleur : *Dieu mis en examen*, par Pierre Talec[1]. Ce prêtre très malade retourne dans tous les sens la plus terrible question posée à Dieu : la maladie chronique.

Pierre Talec décrit d'abord longuement ses combats : tous les aspects du diabète, le monde des médecins et des infirmières, la vie à l'hôpital, les souffrances morales.

Arrive alors l'interrogation maîtresse : comment vivre le plus pleinement possible quand on est malade pour la vie ? (« Je ne sais plus ce qu'est la douceur d'un jour sans souffrance. »)

Il refuse la résignation : « Se résigner à une vie bousillée par la maladie, vivre de manière recroquevillée, c'est s'enterrer soi-même avant l'heure, c'est renoncer à vraiment vivre. Mais Dieu nous a dit (à tous !) : choisis la vie (Deutéronome 30, 19). »

Reste une option : accepter ou consentir. Accepter, c'est être raisonnable. Ne pas gémir et regimber, mais voir comment on peut lutter contre un perpétuel état d'anxiété, douleurs, handicaps, contraintes des soins et du régime alimentaire. Vivre quand même, résister, avec ce que le mot comporte de courage et même d'héroïsme.

Pierre Talec a été conduit vers un autre sommet : consentir. S'engager dans une nouvelle manière d'être. Faire de la maladie un nouveau lieu de vie. La reconnaître non seulement comme un fait médical mais comme, désormais et jusqu'au bout, une partie de soi-même.

Mûrir dans une sorte de capacité neuve : le pouvoir d'endosser cette condition humaine. Mener le combat sans se crisper à l'intérieur. Ça peut être long : « Dix ans pour moi », avoue Pierre Talec. On s'ouvre alors à une autre lumière, une autre vie avec Dieu.

---

1. Centurion, 1996.

Laver les pieds

C'est une nouvelle aide-soignante, Olga, guadeloupéenne, qui m'a lavé les pieds ce matin à l'hôpital. Je suis toujours confus de voir quelqu'un à mes pieds pour ce travail. La plupart du temps elles font cela consciencieusement, plus ou moins vite, silencieuses ou bavardes, quelquefois excédées et pensant à autre chose.

Olga se taisait, on la sentait entièrement à ce travail, douce et minutieuse, achevant par un délicat massage. J'étais intrigué et je le lui ai dit. Elle a souri.

– Je suis chrétienne. Je ne peux pas faire ce geste sans penser au Christ du Jeudi saint.

La part de Dieu

Une spécialiste du chant choral me disait que la meilleure préparation à un fondu des voix, c'est la prière la plus personnelle, celle de l'oraison. À condition de bien savourer la part de Dieu dans l'oraison.

— La part de Dieu?

— Son silence. C'est son pays. On a toujours peur d'y avancer et on s'en éloigne dès qu'on veut meubler ce silence. Dieu nous inspire et nous travaille dans ce silence.

— On a souvent l'impression que rien ne s'est passé, sinon un pénible combat contre les distractions.

— Si on mène loyalement ce combat on gagne un apaisement très particulier. On reprend la vie beaucoup moins soucieux, on a envie d'être bon et très conscient, on sera un bien meilleur élément dans une tâche collective comme le chant choral.

— L'oraison est une bonne relaxation?

— Pas toujours. C'est même stressant si on ne s'engage pas à fond. On regarde la montre! Mais quand on a donné généreusement, totalement, ces minutes à Dieu on éprouve le pouvoir de cette foi amoureuse, qui nous maintient si près de Dieu. Peu à peu les paysages de notre vie changent, on pressent ce que seraient nos jours si nous restions sous le regard de Dieu.

En silence avec lui.

— Oui, les meilleurs rendez-vous d'amour sont ceux où l'on ne se parle pas. Si les présences parlent! Je suis là et tu es là.

Personne n'a respecté les gens comme Jésus

« Il ne dit pas : cette femme est volage, légère, sotte, elle est marquée par l'atavisme moral et religieux de son milieu, ce n'est qu'une femme. Il lui demande un verre d'eau et il engage la conversation.

Il ne dit pas : voilà une pécheresse publique, une prostituée à tout jamais enlisée dans son vice. Il dit : elle a plus de chance pour le Royaume de Dieu que ceux qui tiennent à leur richesse ou se drapent dans leur vertu et leur savoir.

Il ne dit pas : celle-ci n'est qu'une adultère. Il dit : je ne te condamne pas. Va et ne pèche plus.

Il ne dit pas : celle-là qui cherche à toucher mon manteau n'est qu'une hystérique. Il l'écoute, lui parle et la guérit.

Il ne dit pas : cette vieille qui met son obole dans le tronc pour les œuvres du Temple est une superstitieuse. Il dit : elle est extraordinaire et on ferait bien d'imiter son désintéressement.

Il ne dit pas : cet homme n'est qu'un fonctionnaire véreux qui s'enrichit en flattant le pouvoir et en saignant les pauvres. Il s'invite à sa table et assure que sa maison a reçu le salut.

Il ne dit pas : ce centurion n'est qu'un occupant. Il dit : je n'ai jamais vu pareille foi en Israël.

Il ne dit pas : ce fanfaron n'est qu'un renégat. Il lui dit : Pierre, m'aimes-tu ?

Il ne dit pas : cet individu n'est qu'un hors-la-loi. Il lui dit : aujourd'hui, tu seras avec moi dans le paradis.

Jésus n'a jamais dit : il n'y a rien de bon dans celui-ci, dans celui-là, dans ce milieu-ci, dans ce milieu-là. De nos jours, il n'aurait jamais dit : ce n'est qu'un intégriste, un moderniste, un gauchiste, un fasciste, un mécréant, un bigot.

Pour lui, les autres, quels qu'ils soient, quels que soient leurs actes, leur statut, leur réputation, sont toujours des êtres aimés de Dieu. – Jamais homme n'a respecté les autres comme Jésus. »

Cardinal Decourtray

« *Tout va mal !* »

Adrien arrive en gémissant :

— Je craque ! Le physique va mal, le moral est à zéro, les gens sont puants. Tout va mal !

On proteste :

— Quand tu dis que tout va mal, tout va plus mal, tu nous démoralises.

Est-ce bien vrai que *tout* va mal ? La grande parade, c'est de désagréger le bloc hostile.

D'abord le physique. Se dépêcher de sauter sur le remède qui peut l'améliorer, prendre une bonne douche, se coiffer soigneusement. Si le moral a un peu remonté on examinera plus calmement le désagrément qui nous a déprimé. Est-ce si grave ? Que puis-je faire ? Agir écrasera le « tout va mal ».

Mais ces fameux autres qui soudain empoisonnent ma vie ? En fait, qu'est-ce qui est le plus poison ? C'est plutôt ma colère disproportionnée, ma jalousie maladive, ma rumination cafardeuse. Dans ce cas-là, en voyant ma tête, ma mère me disait : « À quoi penses-tu ? Dis-le tout de suite, vomis-le ! »

Quels gaspillages de forces, ces arrêts sur image de ce qui va mal ! Si la vie est en ce moment réellement lourde, pourquoi ajouter des poids inutiles ? Suis-je tellement en panne d'humour ?

Bon, l'examen suffit. Je vais maintenant me remettre à ce que je dois faire.

— Avec si peu d'élan ?

— Faire ce qu'on doit faire, même pitoyablement, ça vaut tous les antidépresseurs.

La vie de l'Éternel

En attendant le bus, j'ai pensé au fantastique cadeau de la vie éternelle. La vie de l'Éternel, sa joie, sa puissance d'activité, sa puissance d'aimer, son triomphe sur toute mort.

Je vais entrer dans ce monde de Dieu. Sans l'angoisse de voir se profiler une fin.

J'ai souvent dit : « Merci, Seigneur, de m'avoir fait vivre. » Maintenant, je dis et redis : « Merci de me faire entrer dans une vie sans fin. »

Sans fin. Ce n'est pas possible ! J'ai vu tant de choses finir. Nous aimes-tu au point de ne plus pouvoir te passer de nous ?

Pour mieux accueillir les objections

— C'est plus fort que moi, avoue Régis, je ne peux pas supporter les objections. Je fonce tout de suite, je casse tout, je ne peux pas avoir longtemps une bonne vie fraternelle.

Nous cherchons ensemble sur quoi, dans ce cas, doivent porter les efforts :

1. Atténuer l'impact d'une objection en retenant d'abord mon souffle et mes paroles pour bien l'écouter. Elle est déjà moins forte, je freine le bouillonnement.

2. Éclairer l'objection en questionnant pour obtenir des précisions. Refuser les objections trop générales ou floues : discuter sur cela ne mènerait à rien.

3. Concéder quelque chose pour ne pas me montrer trop péremptoire et même prétentieux. Si j'écrase l'objecteur il voudra m'écraser, nous serons pris tous les deux dans l'engrenage.

4. Étoffer mes propres reparties, ne pas jouer au ping-pong ou à la mitraillette.

5. Stopper dès que cela devient trop nerveux. « Au fond, nous parlons de quoi ? » Cela nous fera peut-être rire tous les deux.

6. Bien montrer que je ne méprise pas l'objecteur. Bannir les : « C'est faux ! C'est idiot ! C'est dépassé. »

7. Ne pas oublier que, dans ce genre d'affrontement, qui perd, perd ; et qui gagne, perd un frère.

« On peut aimer deux fois ! »

« Divorcés remariés », l'expression fait forcément penser à l'attitude de l'Église. Toutes les situations, couples « normaux », célibataires, veufs, divorcés remariés, ont des aspects positifs et négatifs, mais quand on parle des divorcés remariés, l'Église voit surtout le négatif. Le grand intérêt de l'ouvrage collectif *Nous, divorcés remariés*[1], c'est qu'on laisse enfin s'exprimer des couples qui, dans cette situation, ont trouvé le bonheur.

Un cri de joie illumine leurs témoignages : « On peut aimer deux fois ! » Ils reprochent avant tout à l'Église de ne pas respecter ce qu'ils appellent « la vocation au mariage ». L'affreuse recommandation : « Essayez de vivre comme frère et sœur » n'a pu être inventée que par des innocents ou des sadiques.

Ce que les divorcés remariés essaient, c'est de vivre une autre expérience du mariage. Vivre enfin à deux de façon calme et heureuse. L'âge aidant, la réflexion l'emporte sur l'impulsivité. On apprend à mieux réagir en couple et à bien écouter l'autre. Avec le souci de ne pas retomber dans les erreurs du premier mariage : « L'épreuve nous a rendus plus lucides et plus souples, plus déterminés à tout faire pour ne pas gâcher cette deuxième chance. Nous pouvons relativiser les inévitables problèmes quotidiens. Nous n'allons pas recommencer ! » C'est ce qui explique la solidité et le bonheur de ces couples.

Les problèmes avec l'Église sont évidents et souvent si durement ressentis que là encore on ne voit que le négatif. Alors qu'en fait « tout en gardant une grande idée du sacrement nous avons la certitude que Dieu peut nous aimer sans le sacrement. Notre amour redécouvert et approfondi est un lieu, insolite mais bien réel, de l'amour divin. »

Trop rose ? Mais pourquoi, quand on parle des divorcés remariés, peindre tout en noir ?

---

1. Desclée de Brouwer, 1996.

67

La diversité des divorcés remariés

La lecture de *Nous, divorcés remariés* met en évidence le fait, pourtant souvent négligé, que ces couples ne forment pas un bloc homogène à partir duquel on pourrait hasarder des généralités du genre : « Les divorcés remariés sont ceci ou cela. »

Une seule chose semblait les caractériser : ils ne peuvent pas communier. Mais, même là, leurs témoignages prouvent la diversité des situations. Finalement, beaucoup communient, par décision personnelle ou grâce à la rencontre d'un prêtre qui les connaît bien.

Cette attitude des prêtres devient d'ailleurs si variée que la lecture des témoignages fait grandir une conviction : on ne peut plus maintenant se comporter envers les divorcés remariés qu'en étudiant leur situation cas par cas.

Le plus troublant, c'est de se trouver devant un second mariage qui est une incontestable réussite humaine, religieuse et familiale. Leur dire qu'ils ne sont pas le signe de l'amour du Christ pour son Église, c'est opposer une théorie à la réalité d'une vie conjugale réussie.

Les enfants ressentent cela très fortement. À leur mère qui ne peut communier avec eux, l'aîné a déclaré : « Si c'est ça, ton Église, je n'en veux pas. »

C'est quoi, l'Église, actuellement, pour ces couples qui se sentent brimés et ne comprennent pas ? « On nous dit d'aller à la messe pour nous nourrir de la vie du Christ, et on nous refuse l'hostie ! »

Ils sentent que cette Église qui veut aimer et qui doit théoriser est de plus en plus embarrassée.

Pensées

« On est responsable par sa conscience, mais on est aussi responsable de sa conscience » (Mgr Jullien).

Toute prière doit permettre à une activité intérieure de se développer.

Les meilleurs participants à la liturgie sont les priants à qui l'oraison donne l'attention et la profondeur.

Ruminer le mauvais passé, c'est se saturer de pensées négatives.

Le fanatique est un orateur sourd.

« Celui qui écoute la vérité n'est pas moins noble que celui qui la dit » (Gibran).

Dieu nous apprend à penser comme lui à force de passer du temps avec lui.

« Il est très humble, celui qui convertit son humiliation en humilité » (saint Bernard).

« Celui qui demeure dans l'amour demeure en Dieu. » Où sont mes problèmes ?

« Si les autres étaient mieux, je serais mieux. » Peut-être. Mais si toi tu es mieux, tu découvriras que les autres ne sont pas si mal que ça.

« L'Église, ce sont des sages un peu trop sages, mais ils suivent quand même des fous. L'Église, ce sont des institutionnels, mais ils se mettent au service des saints » (P. Bro).

« Dieu nous a crus capables d'avoir des frères » (P. Bro).

« Il dépend de vous de n'avoir que de bonnes pensées. Faites la police de vos pensées, elles sont en train de réaliser en vous le bien et le mal » (Georges Barbarin).

Dieu n'a pas voulu mon cancer, mais il veut ce qui peut se développer de mieux en moi dans cette épreuve terrifiante.

Les découvertes de Karine

— J'ai beaucoup aimé, me dit Karine, l'exposé d'une animatrice de l'aumônerie sur la vie en commun.

— Tu t'intéresses à ça ?

— Oui, par réaction. On parle toujours de l'individualisme, mais on ne montre pas comment on pourrait mieux vivre la vie en commun, en famille, au travail et dans les couvents. L'animatrice nous a parlé de ça avec beaucoup d'humour. Je vais vous relire mes notes.

1. *Il faut digérer les différences*

En fait, ce qui fait grincer n'importe quelle vie commune, c'est qu'on a beaucoup de peine à admettre que les autres soient différents de nous. Un tel est sans-gêne, un autre est cachottier ou désordonné. Il s'agit d'admettre d'abord ces différences comme une chose normale, et seulement en démarche seconde voir si telle différence est très gênante, ou acceptable, ou même bénéfique. On l'apprivoise pour mieux la digérer. La communauté qui a de la santé, c'est un boa capable de digérer presque tout.

2. *Il faut réussir des bouquets japonais*

Dix fleurs coupées, ce n'est pas forcément harmonieux. Le bouquet japonais les groupe dans un ensemble qui non seulement est joli, mais réussit à mettre chaque fleur en valeur. C'est un travail fin, lent, intelligent. On oublie trop que, dès qu'on réunit plusieurs personnes, l'intelligence doit jouer, par la dynamique de groupe, l'attention aux gaffes, l'emploi judicieux de tel ou tel.

3. *Il faut oser parler*

Même si on est mal écouté. La vie commune a besoin de ce courage : je dois dire cela, je le dis ! Oser défendre les vues de foi. Aller peut-être jusqu'à la confidence spirituelle, c'est un ciment de construction communautaire. Pratiquer largement l'information, ça tue les ragots et le mauvais esprit.

70

Si pressés !

Je viens de recevoir longuement Mme Mondeuze, mais je ne pourrai pas la revoir. Je lui conseille de s'adresser à un prêtre là où elle vit.

— Ce serait bien, me dit-elle, j'ai essayé, mais maintenant, quand on aborde les prêtres, ils semblent si peu intéressés et toujours si pressés.

Si peu intéressés et si pressés. Deux choses différentes, mais souvent liées. Si vous n'intéressez pas quelqu'un, il vous trouvera toujours trop long.

Le cas du prêtre n'est pas isolé. Les médecins aussi sont pressés, et la dame de la Sécu, et la vendeuse qui s'énerve à la troisième paire de chaussures que vous essayez.

C'est un nouveau rapport au temps. Assez curieux, d'ailleurs. Généralement, on a autant de temps qu'autrefois, et même plus, mais on l'organise autrement. On ne déteste pas la surcharge d'obligations, pourvu que ça nous intéresse.

Comme tout le monde, le prêtre trouvera du temps, et le donnera volontiers, quand on a vraiment besoin de lui. Mais il va redouter les longueurs dans les explications et les objections. Je pense qu'il faut préparer l'entretien pour aller tout de suite droit au but.

J'ai le souvenir d'un entretien qui dura deux heures. J'étais très fatigué, mais attentif parce que je voyais que je pouvais aider. Le Seigneur me maintenait dans une telle écoute que ces deux heures furent de celles où l'on se sent pleinement prêtre.

Lettre à Ghislaine, déprimée

Vous me dites que votre plus grande souffrance, c'est l'incompréhension de votre entourage. On ne peut pas éviter cela, il faut faire avec. Le jour où vous accepterez le mieux possible cette incompréhension si liée à la dépression, la vie sera plus facile pour vous et pour votre entourage.

Ne cherchez pas à vaincre les incompréhensions par des explications. Vous avez bien vu qu'elles fatiguent sans convaincre. Vous-même êtes déconcertée par la venue soudaine et imprévisible d'une crise. Comment l'entourage ne serait-il pas surpris et agacé ? « Mais hier, tu étais très bien ! Il y a une heure, ça allait bien ? »

Viennent alors les redoutables questions : « Où as-tu mal exactement ? Qu'est-ce que tu ressens ? »

Puis les conseils exaspérants : « Secoue-toi un peu ! Ne te laisse pas aller. Repose-toi. Bouge, lis, écoute de la musique. Prie. »

En vous lisant je retrouvais ce que j'ai un peu connu moi-même. Vous me dites que vous n'avez qu'un recours : « Faire la sauvage. Tout fuir, les gens, les bruits et la lumière. »

J'ai mieux à vous proposer. Ce qu'un psychiatre m'a conseillé et qui m'a sauvé :

1. Faites quelque chose. C'est le conseil le plus précieux. Faites ce que vous devez faire, avec le minimum de forces que vous avez. Tout pas dans ce sens est une victoire sur la dépression. Je rabâche parce que j'y crois.

2. Soyez très patiente. Patiente avec les autres en acceptant qu'ils ne puissent plus vous comprendre. Patiente avec vous-même. C'est votre lot, il y a des choses plus terribles, vous le savez, puisque votre mère est entrée dans le tunnel de l'Alzheimer.

3. Restez confiante. La crise va passer. On en sort, je peux vous l'affirmer.

Moins de mensonges

Je viens de surprendre Laurent en flagrant délit de mensonge. Je lui dis ma peine.

— Tu vaux mieux que ça.

— C'est vrai, je suis devenu un menteur. C'est la faute de ma mère. Je tenais un journal intime, et un jour elle me dit : « Qui est-ce, cette Jessica ? » Ça m'a fait très mal : « Tu as osé fouiller dans mes affaires et lire mon journal ? — Comment, osé ? À quinze ans, tu ne dois pas avoir de secrets pour moi ! »

— Elle a eu tort. Nous avons tous droit à nos secrets. Mais ta réaction n'est pas bonne. Devenir un menteur, c'est abominable. Ta franchise ne doit pas dépendre des autres, mais seulement de toi. Tu ne dois pas dire : « Je suis devenu menteur à cause d'un tel ou d'un tel. »

— Vous ne pouvez pas savoir comme j'avais confiance en ma mère. Elle a tout cassé. Depuis, je me cache d'elle, je lui mens.

— Et tu mens à tout le monde. Même à moi.

— Je crois que c'est devenu un réflexe de défense. Pour n'avoir pas à m'expliquer. Pour garder ma vie personnelle.

— Est-ce que tu mens à Jessica ?

— Jamais de la vie ! Je ne pourrais pas supporter qu'elle doute de moi.

— Et toi, tu supporterais qu'elle te mente ?

— Ce n'est pas son genre, c'est pour ça que je l'aime.

— Tu vois, il y aurait plus d'amitié et d'amour partout s'il y avait moins de mensonges.

Nous sommes la joie de Dieu

On lit cent fois le même texte, et soudain c'est le choc.

> *Tu seras appelée*
> *« Ma préférence »,*
> *Car le Seigneur t'a préférée.*
> *Comme la fiancée fait la joie*
> *de son fiancé*
> *Tu seras la joie de ton Dieu*
> (Isaïe 62, 1-5).

Je sais bien qu'Isaïe chante ainsi la gloire de Jérusalem restaurée par le Seigneur et symbole du grand salut final, l'habitation fraternelle des hommes auprès de Dieu. Mais chacun de nous est dans cette foule aimée par Dieu. Chacun de nous sera la joie de Dieu.

Savoir que nous sommes cela pour Dieu, c'est le grand soleil! Surtout si nous avons été élevés dans l'idée que nous avons peu de valeur aux yeux de Dieu, que nous ne sommes qu'impuissance et péché. Comment croire alors que nous sommes la joie de Dieu? Il serait maso!

Mais non, il nous l'a assez dit, qu'il nous aime, il nous l'a assez prouvé, et cela signifie bien qu'il y a en nous, par lui et par nous, des choses à aimer. Quel plus grand appel à la grandeur et à la joie?

Éternellement nous serons la joie de Dieu.

Avec toi, je ferai des prouesses

Les psaumes sont les fanfares de la foi. Quel plus bel hymne à la foi que le cri du psaume 107, verset 14 : « Avec Dieu, nous ferons des prouesses ! » ?

Proclamer seulement que nous ferons des prouesses serait ridicule. Mais il y a ce « avec Dieu » qui dans toute la Bible secoue nos timidités, nos doutes, nos peurs.

« Rien n'est impossible à Dieu », disait l'ange à Marie. Elle l'a si bien compris qu'avec Lui rien ne lui a été impossible, petite fille de Nazareth devenue celle qui est acclamée par toutes les générations.

« Avec Dieu, nous ferons. » Il est bien dit : « Nous ferons. » Et chaque vie de saint renchérit : « Vous ne pouvez pas savoir tout ce que l'on peut faire avec Dieu ! »

À condition de le croire ! Le déficit du monde, notre déficit personnel, c'est le manque de foi. Jésus s'est terriblement heurté à ce manque de foi. Il n'a pas seulement dit : « Aimez-vous. » Il n'a cessé de répéter : « Si vous pouviez croire ! »

On a trop réduit la foi à une pure adhésion intellectuelle. Thérèse de Lisieux (et en cela elle est docteur) a magnifié la foi-confiance. La foi qui avance à petits pas de confiance, celle qui fait bouger les choses et ne se contente pas de dire : « Je crois à tout le Credo », mais : « J'ose vivre selon ce Credo. »

Cette foi-confiance, même bloquée par une grosse difficulté, une impossibilité, regarde Dieu et dit : « Avec toi, je ferai des prouesses. »

« Pas question ! »

— Généralement, me dit Olivia, on n'aime pas la dernière demande du *Pater* : « Ne nous soumets pas à la tentation. » Moi, ça m'a sauvée. Je la modifie un peu : « Ne nous laisse pas succomber à la tentation. » Pratiquement, c'est la même idée : rester à distance de la tentation. Jouer franc-jeu.

Olivia est une jeune femme intelligente et séduisante. Épouse aimant bien son mari, elle a cherché, d'accord avec lui, une activité professionnelle. Elle a rencontré un homme avec qui elle aurait pu (et peut-être un peu voulu) risquer une aventure.

— Autour de moi, des jeunes femmes se lançaient dans ces aventures pour ne rien perdre de ce que la vie semblait leur offrir. Sans songer d'ailleurs à briser leur foyer. Mais quand j'ai vu où ça les menait, j'ai écrit dans ma tête, souligné en rouge : « Pas question ! » J'ai été aidée par cette prière qui est très nette : « Ne nous laisse pas succomber ! » Quand on demande cela très loyalement à Dieu, on ne peut quand même pas flirter avec la tentation.

Manifs de l'espérance

Titre d'un éditorial de Bruno Chenu dans *La Croix* à propos des quatre étapes de l'avant-dernier voyage de Jean-Paul II en France : « Manifs de l'espérance ».

Les commentateurs semblaient avoir tout dit, sauf que quatre fois ces rassemblements joyeux, colorés, priants, ont été des manifestations d'espérance. Un moment où, portés les uns par les autres, on sort du pessimisme : il y a des raisons d'espérer.

En eux-mêmes, ces rassemblements contre personne, mais invitation cordiale à tous, étaient déjà une raison d'espérer. Les hommes sont faits pour se rassembler dans la joie et l'amitié, en attendant le rassemblement éternel.

Le rassemblement festif est aussi un puissant appel à la confiance. Se défier de tout et de tous est tuant. Invoquer la fatalité devient vite désespérant. Le rassemblement dit qu'on est prêt à opposer la bonne volonté à la fatalité.

Ces rassemblements mettaient en vedette un homme, mais un homme agrippé à la croix. Derrière Jean-Paul II, il y avait Jésus Christ, venu rassembler tous les enfants de Dieu dispersés. Partout où des hommes se rassemblent au nom du Christ, et cela veut dire pour mieux aimer, c'est une manif de l'espérance.

Espérance pour tous : on l'a vu quand le pape est allé embrasser les « blessés de la vie ».

Divorcer n'est jamais une décision facile

« Il y a des jugements à l'emporte-pièce qui font mal. Ainsi, ce courrier d'un de vos lecteurs dans le supplément "Parents et enfants" du 17 novembre 1995. "Divorcer, c'est commettre une faute monstrueuse, une sottise énorme, faire preuve d'un total égoïsme qui contamine toute la société !"

Ces mots sont intolérants et inacceptables. Combien de pères et de mères se sentiront sévèrement jugés, comme j'ai pu l'être en lisant ces lignes ?

Récemment divorcée, avec deux enfants à élever de six et neuf ans, je vis cette période comme un échec profond, mais aussi comme un choix pour mon équilibre et celui de mes enfants. Certes, notre famille n'est plus dans la "norme", mais nous vivons enfin apaisés, loin des querelles conjugales, des souffrances d'un couple en déchirure.

Le dialogue, l'amour et la tolérance sont devenus mes principes quotidiens dans l'éducation des enfants.

Notre génération n'accepte plus les compromis familiaux faits de mensonges, d'hypocrisie, de douleur et d'abnégation. Divorcer n'est jamais une décision facile, mais il ne peut s'agir ni de "faute", ni de "sottise", ni "d'égoïsme" ; l'après-divorce est un combat quotidien pour élever ses enfants dans l'amour, la compréhension et l'écoute.

L'Église a su m'accueillir dans cette solitude parfois si difficile à assumer. »

Mme Lacoste
lettre à *La Croix*

Ne penser d'abord qu'à Dieu

Mauvais début d'une oraison :
Que vais-je dire à Dieu ?
Que vais-je lui demander pour moi ?
Qu'ai-je à lui demander pour d'autres ?
Distrait par ces questions je ne pense pas vraiment à Dieu.
Il faut que j'opère immédiatement un décentrage :
ne penser d'abord qu'à Dieu.
Oser l'adoration.

Ô Toi, le Très-Haut,
Ô Beauté !
Ô Perfection !

Ne pas croire que ce sera froid.
Mon adoration monte vers un Amour.
C'est seulement dans l'adoration
que pour moi Dieu est Dieu
et que je suis devant lui
ce que je dois être.

Mais le service des autres ?
Je les servirai mille fois mieux
à mesure que je serai transformé par Dieu.

« *Inventez le monde avec nous !* »

— Vous, les vieux, me dit Jérôme, vous ne voyez pas ce que nous apportons aujourd'hui. Vous dites que le monde perd ses repères. Nous, nous disons que c'est un monde qui s'invente. Et en grande partie grâce à nous. C'est exaltant !

— Peux-tu préciser ?

— Eh bien, nous avons une autre conception du travail, de l'argent, de la compétition, du mariage, de la messe, de la prière. Votre première réaction, c'est de dire : c'est mal, retrouvez les bons repères. Quels repères ? Les nôtres justement, mais vous ne voulez pas les voir. Non, je dirais plutôt : vous ne pouvez pas les voir. Vous restez bloqués derrière le mur des repères de vos trente-cinq ans, de vos vingt ans. Maman dit à ma sœur : « Ça ne se fait pas. » Bien entendu, ma sœur réplique par le mot qui agace le plus maman : « Pourquoi ? » Alors maman se met immédiatement en colère au lieu de creuser ce « pourquoi ? » qui lui révélerait ce qui est en train de changer.

— Et qui est forcément bon ?

— Non, mais il faut voir. Des réalités neuves et bonnes, ça existe. Lâchez enfin les lamentations : hier, il y avait ci, hier il y avait ça. Et alors ?

— Il vaudrait mieux dire : « Qu'est-ce qu'on peut faire aujourd'hui ? »

— Non, vous n'y êtes pas encore. Il faut dire : « Qu'est-ce qui se fait *déjà* aujourd'hui ? » Avec nous, et donc avec des cafouillages, mais la vie a toujours cafouillé.

Les questions de Karine

— Allô ?... C'est Karine. Préparez-vous, je vais aller vous voir pour ma confession de carême...

Tout de suite, elle déballe ses questions : « Comment faire une bonne confession ? Je dois beaucoup vous parler ou beaucoup vous écouter ? Je n'ai que des petits trucs minables à dire. »

Je lui propose de commencer par la lecture de la parabole de l'enfant prodigue. Nous restons un moment silencieux.

— C'est beau, dit Karine, mais ça ne me dit pas comment me confesser.

— Ça te dit l'essentiel : nous sommes incroyablement aimés, et quand nous allons nous confesser, nous allons vers cet amour. Ce qui compte, ce n'est ni toi ni le confesseur, c'est Dieu. En ce moment tu dois seulement dire comme le fils prodigue : « Je me lèverai et j'irai vers mon Père. »

— Je ne me sens pas loin de lui.

— Pense qu'il est tout amour. Tu es loin de lui dès que tu n'es plus amour. À toi de voir. Cherche tes manques d'amour. Non seulement tu sauras quoi dire, mais tu ne le diras pas machinalement. En amour tout est profond, tout est grave.

— Même d'oublier des prières ?

— Tu n'as pas oublié des prières, tu as oublié d'aimer Dieu. Et si tu gardes une rancune contre quelqu'un, tu es aussi en train d'abandonner ton choix d'aimer. C'est dans cette ambiance d'amour que tu te confesseras avec joie.

— Avec joie ? Je ne voyais pas la confession comme ça.

— Tu as entendu le père qui disait : « Festoyons ! » Il est heureux. « Mon fils était mort, il est vivant ! » Aller se confesser, c'est une fête quand nous savons que nous allons rendre notre Père heureux.

81

Ni édredon ni béton

Humiliation. Je me croyais devenu vraiment amoureux de la différence. J'en parlais partout avec enthousiasme. Et tout à l'heure…

Je n'ai pas pu supporter Guillaume. Nous nous sommes lancés dans une discussion sur la politique de l'immigration. J'ai traité Guillaume de lepéniste, il m'a dit : « Et alors ? »

Ça m'a réveillé. J'ai vu que j'étais théoriquement pour la différence, mais pas cette différence-là. Demain je continuerai à chanter les louanges de la différence, tout en refusant cette différence-ci, cette différence-là.

Ça ne va pas. Je vois bien que je recule devant la véritable exigence : accepter enfin la cohabitation avec toute différence. Me faire à l'idée que je peux très bien vivre avec des gens qui n'ont ni mes idées ni mon caractère.

Et qui ne changeront pas ! En fait, nos discussions ont toujours une arrière-pensée : je vais le faire changer d'avis.

La véritable acceptation de la différence, ça doit être autre chose : voir ce qu'on peut vivre avec quelqu'un qui ne changera probablement pas.

Avec Guillaume, ce matin, j'ai tout de suite foncé sur son lepénisme sans essayer de bien voir, ce que, personnellement, je pourrais accepter. Et si je refuse tout, ne pas refuser Guillaume lepéniste et restant lepéniste.

Mais je vais devenir édredon ! Ce n'est pas sympathique, un homme qui accepte tout !

Ce n'est pas sympathique si on en reste là. Mais à partir d'un *a priori* accueillant, on peut discuter, le climat est tout autre. Ça ne m'empêchera pas de garder mes convictions, en les affinant, en les enrichissant. Ni édredon, ni béton.

Le « je-veux » de Dieu

Réponse à Bernard qui demandait à bien comprendre la demande du Notre Père : « Que ta volonté soit faite. »

« Le "je-veux" de Dieu est cette inclination intérieure qui à longueur de journée me sollicite au bien, me presse de prier, ou de visiter un malade, ou d'aimer mon ennemi.

J'ai le terrible pouvoir de refuser la poussée intérieure du "je-veux" de Dieu, voire de m'y rendre inattentif, insensible.

Si je l'accepte, si j'y acquiesce, si j'y adhère sans réserve, le "je-veux" de Dieu en moi réalisera une œuvre admirable, les dons de la nature et de la grâce s'épanouiront comme au printemps éclatent les bourgeons sur les branches.

Tu le vois, Bernard, toute la vie chrétienne se ramène à déceler en soi la poussée du "je-veux" de Dieu. Le vrai chrétien est celui qui y parvient, qui possède une très grande sensibilité à la moindre impulsion de la volonté divine et aussitôt y adhère.

Son "je-veux" est parfaitement accordé au "je-veux" de Dieu et se coule en ce "je-veux". »

Henri Caffarel
Nouvelles lettres sur la prière, Éd. du Feu Nouveau

Je cherche ton visage

Écoute, Seigneur, je t'appelle !
Réponds-moi !
De toi, mon cœur a dit :
Cherche son visage.
Je cherche, Seigneur, ton visage,
Ne me cache pas ton visage.

J'avais besoin de ces cris du psaume 26. J'entends trop dire en ce moment, à la mode du Nouvel Âge, que tu es une force diffuse, impersonnelle. Mais non !

Tu es Quelqu'un.
Tu es un Visage.
Tu nous aimes, et l'amour a besoin
d'avoir un visage d'amour,
des yeux d'amour.

Pour nous dire que tu avais un visage
tu nous as envoyé ton Fils.
Il avait des yeux, les tiens.
Il nous a regardés.
Nous savons maintenant
Comment tu nous regardes.

Tu nous aimes.
Aucune parole ne peut en dire plus de toi.
Ô Père, regarde-moi,
je cherche tellement ton visage !

Un curieux tandem

On s'interroge beaucoup en ce moment sur la durée. Les fiancés et les religieux! Peut-on vraiment s'engager pour cinquante ans, pour toute la vie?

Comment naît ce doute? En observant le nombre des échecs, bien sûr, mais il y a autre chose qu'on n'ose pas s'avouer. Les ruptures ne sont pas toujours spectaculaires, dans le genre de «J'aime une femme plus jeune que toi», ou «J'ai découvert l'homme de ma vie», ou «Je ne peux plus endurer mon célibat».

Derrière la décision plus ou moins brusque, il y a eu une lente dérive vers la routine. Il faudrait y penser tout de suite et toujours : amour et routine forment un curieux tandem.

Au début d'un amour, on ne voit que l'élan, on est immunisé contre la routine et on ne se méfie pas. Mais peu à peu la routine ronge tout et l'impensable est là : le grand amour ennuie, agace, ne remplit plus la vie.

C'est l'heure où le mari commence à s'intéresser un peu trop aux autres femmes, il compare, il soupire. L'épouse modèle se sent troublée par un autre type d'homme et repousse de plus en plus faiblement les rêves d'aventure. Le prêtre est grisé par certaines attentions.

Si tout cela tombait sur un amour occupé, inventif, le danger serait vite écarté. Mais malheur à l'amour en jachère! Malheur à la vie répétitive! «Elle n'a vraiment pas beaucoup de culture, ses petites histoires sont ennuyeuses...» «Ses tics deviennent insupportables, il est mou, sans originalité...» «Cette paroisse est avachie. À quoi ça sert de mitonner des sermons qui glissent sur eux?»

Seul peut résister à la routine un amour en éveil. Et l'amour se réveille! Et il faut le réveiller. Avant que la routine ait inexorablement transformé le roman en ronron.

Était-ce vraiment mieux hier ?

À midi, grand lamento sur les mœurs actuelles, l'incroyance, la baisse de la pratique. On affirmait que hier c'était mieux.

Mieux ? Dans les églises d'hier si pleines, combien, hélas ! tendaient vers l'hostie une langue d'avare, une langue de méchant et d'égoïste ?

Au lieu de s'attarder sur la manière de vivre l'Évangile, hier, n'est-il pas plus utile de se demander comment on peut le vivre aujourd'hui ?

Il y a déjà de très bons signes des temps. La montée de la solidarité, l'attention accordée aux conditions de vie des femmes, l'horreur de toute guerre, l'acceptation du pluralisme, la lutte contre le racisme et l'exclusion.

Comment se fait-il que ces progrès évidents de la fraternité coïncident avec le rejet de la pratique, du Credo et de la morale ? Est-ce une fatalité ? Va-t-on maintenant voir des fraternels partout sauf dans les églises ?

La pire erreur serait de vouloir retourner à l'église d'hier pour y retrouver les vieux sermons, le latin et la soutane. Le monde a changé, ce n'est pas en arrière qu'il faut regarder.

Jean-Paul II a très bien dit cela à Reims : « L'Église est toujours une Église du temps présent. Elle ne regarde pas son héritage comme le trésor d'un passé révolu, mais comme une puissante inspiration pour avancer dans le pèlerinage de la foi sur des chemins toujours nouveaux. »

Les chemins nouveaux, c'est par exemple la manière actuelle de célébrer le baptême, le mariage, le sacrement des malades et les obsèques. Des chrétiens nostalgiques sont déroutés. Pour eux, la religion était un ensemble d'habitudes alors qu'en réalité c'est une vie, et donc un mélange de permanence et de nouveauté.

Un Mandrinos ne ment pas

J'aime beaucoup passer une soirée chez mes amis Mandrinos. Trois enfants, de sept, dix et quatorze ans. Un régal ! Après leur départ au lit, je complimente les parents.

— Vous avez l'air de réussir une chose difficile. Des enfants très vivants et pourtant supportables.

— Ça, dit Jacques, on le doit à Edwige, à son principe d'éducation.

J'interroge évidemment Edwige.

— Mon principe ? L'horreur du mensonge. On peut trouver ça simplet, mais tout dépend de la rigueur avec laquelle on applique la règle familiale : un Mandrinos ne ment pas. Ça crée un climat de confiance réciproque et on peut mieux vivre les crises inévitables. Le mensonge, pour moi, c'est le microbe familial qui risque de tout infecter.

— Est-ce que c'est possible d'éliminer le mensonge ?

— Non, mais, comme l'ennemi est bien identifié, on le traque. On tue le mensonge en lui enlevant ses raisons d'être, la peur et la vanité. À mesure qu'ils grandissent, les enfants ont compris qu'ils pouvaient tout dire à papa et maman, et même entre eux.

— Et vous, vous arrivez à ne jamais mentir ?

— Vous mettez le doigt sur la plus grande difficulté. Nous n'avons pas été élevés, nous, dans ce refus total du mensonge, et parfois ça nous échappe. C'est tellement la grande défense pour ne jamais perdre la face ! Mais il fallait choisir : ou devenir nous-mêmes incapables du plus petit mensonge, ou renoncer à élever nos enfants dans cet esprit : tout, plutôt que mentir.

Compagnons d'éternité

Réponse à un veuf troublé par des commentaires au sujet de la parole de Jésus : « Lorsqu'on ressuscite, on n'épouse plus, on n'est plus épousée. »

Nous ne savons rien sur la vie dans l'au-delà, qui est hors de l'espace et du temps, et donc inaccessible à nos prises habituelles. On peut tout de même avancer certaines choses.

1. Votre épouse et vous, vous êtes devenus par votre mariage des compagnons d'éternité. Après l'avoir rejointe, vous allez continuer la vie ensemble commencée en 1942.

2. Mais, comme le précise Jésus, vous ne serez plus « mari et femme », à deux points de vue. Premièrement, pour les corps « glorieux » que nous allons devenir il n'y a plus de relations charnelles. Deuxièmement, ici-bas nous ne pouvons aimer fortement quelqu'un qu'en excluant d'une certaine façon tous les autres. En Dieu, dans l'au-delà, nous aimerons plus largement. On peut penser à l'amour du Christ, si fort pour chacun de nous et aussi fort pour des milliards d'autres.

Ce n'est pas compliqué, mais c'est difficile !

Réponse à une amie écrasée par des peines morales et des souffrances physiques. Elle avait été révoltée par le titre d'un de mes articles : « La vie est simple. »

Mon titre n'était peut-être pas très heureux, mais pas méprisant à l'égard de vos souffrances. Je réaffirme que la vie est simple quand nous la regardons dans la double lumière de l'Évangile : nous sommes aimés par Dieu et nous devons aimer nos frères. Quoi de plus simple ?

Mais c'est très difficile à traduire concrètement, et surtout à réaliser dans le détail de nos journées et de nos rencontres. Je ressens en ce moment les attaques conjuguées de la maladie et de la vieillesse. Je ne peux pas dire que c'est compliqué, je vois très bien avec quelle patience et quelle confiance je dois vivre cela. Je le vois, mais je traîne à le vivre. Voilà ce que je n'ai pas su dire assez clairement : la vie peut être à la fois très simple et très difficile à vivre.

De quelle simplicité s'agit-il ? Nous aimons Dieu en aimant nos frères, et quand jour après jour nous essayons de faire ce que la vie nous demande. Elle est la messagère de Dieu. Faire ce qu'on doit faire, malgré les souffrances et les déceptions, c'est la plus sûre et la plus simple lumière.

Cela ne veut pas dire qu'il faut rêver d'une vie de patience, de courage et d'amour qui serait glorieuse. Non, les chemins de croix ne sont pas glorieux. On se traîne, on tombe, on se cramponne à des actes de foi : « Ta grâce me suffit… Pas ce que je veux, mais ce que, Toi, tu attends de moi en ce moment. »

Il s'agit donc de resserrer constamment l'union avec Dieu pour essayer de tout vivre avec lui, très près de lui. C'est simple, mais…

89

Quand la vie paraît trop limitée

«Je suis depuis six mois dans une maison de retraite. Ma vie devient trop petite. Manger, dormir, papoter un peu, s'asseoir devant la télé, lire les journaux. Être toujours devant les mêmes visages, tourner dans le même petit parc. Je le trouvais si beau en arrivant ici, mais la répétition est une prison.»

Je ne sais si cela pourra vous aider, mais un texte m'a fait réfléchir sur ce problème des vies à horizon étroit et à heures répétitives. J'ai trouvé cela dans *Madame Chang, le métier de vivre*[1].

«Le Christ, dit Mme Chang, a dilaté la réalité en partant de sa vie. Il n'a pas couru le monde. Il n'a pas résumé tous les enseignements. Il a accompli les commandements. De l'intérieur il a poussé la vie à son point ultime.»

Nous ne sommes pas le Christ, mais nous pouvons élargir notre vie «de l'intérieur». Chercher les profondeurs et les jardins intérieurs quand se rétrécissent les espaces et se raréfient les rencontres.

Nous pouvons dès maintenant fréquenter beaucoup plus le Père, le Fils et l'Esprit saint. Nous pouvons rêver à la vie éternelle. Elle vient. Un jour, nous serons dans cette fête immense, dans les espaces inouïs de l'Amour.

N'avons-nous donc à offrir à nos plus rares visiteurs que de pieuses rêveries? Non, mais une autre saisie de la vie. Elle est aussi vraie et plus intense quand on se met à tout savourer lentement. Nous pouvons dilater la vie en partant de n'importe quelle vie.

Le Christ, dans sa si petite Palestine, contemplait les mondes de son Père et les mondes des hommes.

---

1. De Laurent Beccaria, Flammarion, 1993.

Fréquenter Dieu par la joie

Depuis plusieurs jours je ne cesse de penser à une phrase du journal de Kierkegaard : « Tout homme qui veut véritablement avoir rapport à Dieu et le fréquenter n'a qu'une seule tâche : celle d'être toujours en joie. »

Je savais que nous ne pouvons pas fréquenter Dieu si nous ne gardons pas un cœur de frère, mais je n'avais jamais pensé que pour fréquenter Dieu il faut aussi garder un cœur de joie. Nous sommes si souvent dans les peines et les insatisfactions que nous finissons par ne plus exploiter suffisamment nos jardins de joie. Joie de croire, joie d'aimer, joie d'admirer, joie d'avancer vers l'éternité... Je viens de faire un effort pour énumérer ces joies, comme si elles m'étaient étrangères.

Je les invite peu au bal de ma vie, je ne songe pas à m'asseoir près d'elles quand j'ai un moment pour rêver.

Joie de croire, de me réveiller chaque matin en pensant que je pourrai vivre ce jour nouveau avec le Père, le Fils et l'Esprit saint. Que rien ne devrait m'arracher à leur amour : ni mes bêtises, ni celles des autres, ni même la mort. « Je suis là », me dira toujours Jésus. « Je serai là. »

Joie des amitiés. Se retrouver. Écouter. Élargir notre vie par d'autres vies. Faire fleurir un sourire. Aider. Conseiller. Rire.

Joie d'admirer. Ce matin je savais qu'au début de l'allée m'attendaient les beaux dahlias couleur cognac. Ce soir je verrai les montagnes devenir roses et mauves. Je regarderai les lumières de la petite ville, je prierai pour ceux qui se réunissent autour de la table et devant la télé. Je prierai surtout pour les mamans, puis je passerai les dernières minutes de ce jour auprès du Père, du Fils et de l'Esprit. Doucement heureux, si j'ai pu garder Dieu en gardant la joie.

Ponette

Quand est sorti le film *Ponette*, on a beaucoup parlé de la mort. Il s'agissait du désarroi d'une petite fille de quatre ans devant la mort de sa mère. On aurait pu croire que la grande question du film, c'était : comment parler de la mort à un enfant ? Mais quand on écoutait les réponses des adultes dans le film et, après le film, les discussions des spectateurs sur la mort et l'au-delà, on s'apercevait que tout le monde nage, y compris les chrétiens.

Pourtant, notre foi devrait au moins nous donner une certitude : la mort n'a pas le dernier mot. Elle nous ouvre une autre vie.

C'est là seulement que peuvent commencer les hésitations : dans quelle vie allons-nous entrer ? La réponse chrétienne est très ferme sur un point : après notre résurrection nous vivrons éternellement avec Dieu dans la joie. La Bible le répète : « Il n'y aura plus de larmes et ce sera sans fin. »

Cela ne gomme pas ce que le film décrit si bien : le vertige de la plus totale absence : « Où es-tu ? Ouvre les yeux, souris de nouveau, parle ! » Avec Ponette nous grattons la terre du cimetière.

Mais nous avons le droit de penser à des retrouvailles. Quand ? Comment ? Il faut avouer que l'enseignement de la Bible et de l'Église n'est pas très clair. Nous ressusciterons sûrement à la fin des temps. Mais certains pensent que la résurrection commence dès la mort, par une purification plus ou moins longue selon la vie que nous aurons menée.

Que sera notre corps de résurrection ? Un corps, c'est-à-dire notre nouveau moyen de communiquer avec Dieu et avec nos frères, peuple immense de l'amitié.

Et en attendant ? Ponette donne la réponse : « Ils vont t'oublier ! » Tout va dépendre de la force d'une nouvelle présence intériorisée. Nos morts sont désormais en Dieu et en nous. À nous de ne pas oublier.

Les questions de Karine

— Ma prière ne vaut rien.

— Qu'est-ce que tu en sais ? On te demande de donner un peu de temps à Dieu, on ne te demande pas de faire la coquette : est-ce que je prie bien, est-ce que je prie mal ? La prière n'est pas une technique à maîtriser.

— Qu'est-ce que c'est ?

— Un rendez-vous. Tu arrives, tu dis à Dieu : je suis bien contente d'être là.

— Mais lui, il ne dit rien ! J'ai rendez-vous avec personne, rien qu'avec mes divagations.

— Garde quand même l'idée de rendez-vous : tu es là, je suis là. Tu fais une expérience de Dieu en direct. « Tu es là et je suis là. » La seule chose qu'il te demande, c'est de rester là, même au milieu de tes divagations. Tu les secoues chaque fois que tu dis : tu es là et je suis là. Dieu fera ce qu'il voudra de ta présence, donne-lui seulement ces minutes. Tu n'es jamais heureuse d'être là un moment près de lui ?

— Si, quelquefois, mais je voudrais lui dire de jolies choses.

— Rien qu'en étant là, tu lui dis : « Je t'aime. » C'est la plus jolie chose.

— La prière, c'est de dire à Dieu : « Je t'aime » ?

— Oui, et il s'arrange pour te dire : « Moi aussi, je t'aime. » Ton bonheur d'être auprès de lui c'est son « je t'aime ».

— La prière est un rendez-vous d'amoureux ?

— Bien sûr ! Pense aussi à ce que Dieu vit avec toi à ce moment-là. Cherche à lui plaire. Là, tu peux être coquette.

« *Elle est mon amie* »

Dans *Notre temps*, Thérèse Ledré rapporte la jolie réponse d'une enfant à sa maman qui s'étonnait de la voir avec une petite Noire : « Mais, maman, elle n'est pas noire, elle est mon amie ! »

Rien de plus fort contre le racisme que l'amitié. Je sais bien qu'il y a un racisme très compréhensible qui naît de la proximité : bruits, odeurs, sans-gêne. J'ai des amis qui souffrent beaucoup de cela dans leur HLM. Mais je m'aperçois qu'ils passent de plus en plus de ces difficultés réelles et localisées à des généralisations racistes : les Algériens sont ceci, les Arabes sont cela, les jeunes immigrés sont tous des délinquants…

Le racisme pointe dès qu'on généralise. L'étiquette péjorative fait disparaître les visages : « C'est une Noire. » En revanche, la rencontre personnelle fait disparaître la différence : « C'est mon amie. »

Il faudrait faire un pas de plus : en tout étranger voir un frère : « Tu es un homme, tu es mon frère. » Les sondages révèlent que les chrétiens ne font pas tous ce pas.

Entrer dans une immense bienveillance

Jésus, je voudrais être
ton annonce vivante
par ma manière d'aimer.

Les aimer tous,
les aimer tout le temps.

Que mon amour
soit assez amour
pour qu'on dise :
C'est comme cela qu'on aime
quand on est disciple de Jésus.

Je voudrais entrer
dans une immense bienveillance
pour qu'on sente que te découvrir,
c'est vouloir aimer comme toi.

Les aimer tous,
les aimer tout le temps.

Un cas difficile

Dans le courrier de *Bonne soirée*, intitulé le « Dialogue », une grand-mère dit son inquiétude : « Mon petit-fils est amoureux d'une fille très gentille, mais elle doit s'occuper d'une maman obèse et qui boit ; elle a deux frères en prison pour avoir tué un handicapé. Et son père s'est pendu ! Comment persuader mon petit-fils de se séparer de cette fille ? »

Je me suis demandé ce que je dirais à cette grand-mère, puis j'ai lu la réponse du journal. C'est une merveille de sagesse et de bonté.

« Vous admettez que cette fille est gentille, et le fait qu'elle s'occupe de sa mère alcoolique plaide en faveur de son bon cœur. Elle n'est pas responsable des horreurs qui ont marqué sa jeunesse. Si votre petit-fils a du cœur, il peut avoir un grand désir de la protéger et de l'aimer. Il ne faut pas désavouer son choix, mais vous assurer qu'il connaît bien la situation. S'il est amoureux, il ne voudra pas l'abandonner, ne perdez pas cela de vue. »

J'avoue que j'ai reçu là une leçon. Comme la grand-mère inquiète, je ne pensais qu'au garçon et à la manière de le détacher de cette jeune fille. J'oubliais deux choses importantes. D'abord le bonheur de la jeune fille elle-même. Et ensuite cette fine remarque : « S'il est amoureux, il ne voudra pas l'abandonner. »

Il s'agit certainement d'un cas difficile et on est tenté de choisir un peu brutalement la prudence. Mais il y a l'amour ! Il me semble que la conseillère de *Bonne soirée* a très bien vu que c'est d'abord la force du lien entre les deux amoureux qui est la donnée capitale. Puis le bonheur que semble bien mériter cette jeune fille, jusque-là si éprouvée et qui pourtant réagit si bien.

La réponse de l'arbre

Un ami très âgé, qui souffre affreusement depuis des années, m'envoie un dessin bouleversant. Il se voit comme un arbre dépouillé, squelettique, et torturé par un vent d'orage. J'ai essayé de répondre à cet appel.

Bien cher ami,

J'avais noté la supplication d'un moine à un arbre comme le vôtre : parle-moi quand même de Dieu ! Parle-moi quand même de Dieu ! Et pour réponse l'arbre a fleuri.

Je suis sûr que vous êtes cet arbre et qu'un jour vous serez vous-même réponse après avoir été si longtemps question. Vous parlerez de Dieu parce que vous serez enfin un arbre en fleur.

Je tremble toujours en vous écrivant. Comment ne pas être maladroit ? Vos si terribles souffrances vous font douter de l'amour de Dieu. Il est pour vous cet arbre dur et triste que vous avez trop bien dessiné. Sera-t-il un jour un arbre en fleur ? Sûrement. Quelle que soit l'intolérable longueur d'une souffrance, un jour elle finira. « J'essuierai toute larme de vos yeux », dit Dieu à la fin de la Bible.

Oserai-je vous confier une autre pensée ? Je crois que Dieu est toujours en fleur. Mais son amour est un amour de Dieu, et nous, pour voir cela, nous n'avons que des yeux d'homme.

Non, nous avons aussi les yeux de la foi. Je crois que, malgré toutes les apparences contraires, Dieu vous aime. Depuis que je vous connais, ma prière pour vous est toujours la même : Seigneur, donne à René de pouvoir croire en ton amour.

L'esprit traditionaliste

— Je crois, me dit Léopold, que mes parents sont traditionalistes. Est-ce que c'est grave ?

— Je les connais, tes parents. Ils sont vraiment traditionalistes, et j'ai eu très peur pour eux au moment de la révolte de Mgr Lefebvre contre Rome et le Concile. Ils l'admiraient beaucoup et ils avaient eux aussi des problèmes au sujet de la liberté religieuse et de la réforme liturgique. Mais, bien plus profondément, ils ont un sens de l'Église qui leur a fait dire : stop ! Nous ne pouvons plus suivre Mgr Lefebvre.

— Alors, en quoi sont-ils traditionalistes ?

— C'est une question d'esprit. Je dirais plutôt qu'ils sont conservateurs : ils ont horreur du changement. Cela leur donne une conception trop étroite de la fidélité à la tradition. D'après eux, il faudrait croire comme on a toujours cru.

— Ils ont raison. La foi ne peut pas changer.

— Si. Au sens où elle est quelque chose de vivant. Prends, par exemple, ce qu'on appelle « l'esprit d'Assise », le mouvement lancé par Jean-Paul II pour plus de respect et de compréhension entre les grandes religions.

— Ça met mes parents en fureur. Ils disent que le pape brade la foi.

— Sûrement pas. Mais il suit de près les évolutions et il constate qu'actuellement nous ne pouvons plus penser que les bouddhistes et les musulmans vont se convertir au Christ.

— Il est bien le Sauveur de tous les hommes ?

— Oui, mais on se demande de plus en plus *comment* il est le Sauveur des musulmans et des bouddhistes. Ce sont des questions neuves, de plus en plus discutées depuis la grande rencontre d'Assise. Une foi vivante doit se poser les questions que la vie fait surgir. Ce qui est grave pour des chrétiens à tendance traditionaliste, c'est de refuser systématiquement les évolutions.

98

Pour devenir enfin amour !

Le purgatoire faisait penser au feu. Maintenant il fait penser à l'amour. Ne pourront vivre au ciel, près de Dieu, que ceux qui seront entièrement amour.

Est-ce possible ? Réponse : Le purgatoire. Méditer sur le purgatoire, c'est méditer sur l'amour. Nous sommes faits pour aimer. Si, sur terre, nous n'y parvenons pas il faut que le Seigneur nous adapte enfin à l'amour.

Le ciel ne peut être que beauté. Le purgatoire est l'immense clinique divine de chirurgie esthétique. Opérer tous les contre-amours et compléter tous les manques.

Traitement plus ou moins long selon notre état à la mort. Cela comportera forcément des souffrances. Souffrance de rester encore loin de Dieu. Souffrance de se voir si laid. Le jugement sera notre propre regard sur nous dans une lumière où nous ne pourrons plus tricher. « Là et là, tu n'es pas encore assez amour. »

Énorme changement de soucis par rapport à notre vie actuelle. Quelles sont les choses qui nous déplaisent quand nous nous regardons ? Au purgatoire, un seul souci : comment devenir très vite amour ?

Et pourquoi ne pas commencer ? Pourquoi ne pas fignoler déjà notre candidature pour le ciel, en ne jurant plus que par l'amour ?

Amour aux cent visages

Amour aux cent visages
qui forment l'icône de gloire
de Jésus Christ.

Après avoir chanté ce cantique de Toussaint, je médite une fois de plus sur le mystère des foules immenses dans le ciel de l'Apocalypse. Alors que nous essayons de vivre ici-bas une aventure très personnelle avec le Christ, tout à coup nous entrerons dans la foule des milliards d'hommes et de femmes qui vont aimer éternellement Jésus et qui seront aimés par lui.

Tandis que le monisme hindou nous plonge dans une éternité impersonnelle, notre foi nous dit qu'en Dieu chacun restera lui-même plus que jamais, et donc unique. Et comme nous serons tous amour nous formerons cet extraordinaire amour aux cent visages qui sera l'icône de gloire du Christ.

Même si c'est très difficile à imaginer, l'immensité de la foule ne tuera pas le visage d'amour que nous sommes en train de modeler. Je serai le seul à donner tel trait éternel à l'icône de gloire.

Les questions de Karine

— Hier, j'étais au mariage de mon frère Alban avec Ingrid. Ils étaient beaux ! Qu'est-ce que c'est, l'amour ?

— Ce que tu as vu hier : une fille et un garçon qui ont compris qu'ils étaient vraiment faits l'un pour l'autre. Et ils ont demandé à Dieu l'immense joie de rester unis jusqu'au bout.

— Comme les couples âgés qu'on voit dans le parc ?

— Oui, c'est le plus grand bonheur ici-bas.

— Il y en a beaucoup qui ne tiennent pas le coup ?

— Un couple, c'est de la tendresse d'amour, mais aussi la volonté de durer.

— Ça s'apprend ?

— Aimer, non ; mais durer, oui. Il faut d'abord que chacun des deux apprenne à mieux se connaître. Qui suis-je, moi qui me lance dans l'aventure du grand amour ? On plonge dans sa propre intériorité.

— Je ne comprends pas.

— Écoute. Avant, on se préoccupait d'un tas de détails extérieurs et futiles, les apparences. Après, on regarde surtout ce que l'on est très réellement à l'intérieur de soi. On va dire : « Je me donne à toi. » Qu'est-ce qu'on veut donner ? Ce qu'on est au plus profond de soi.

— L'autre aussi veut se donner ?

— Oui, dans le mariage l'amour peut être une relation absolument unique, un don mutuel. La présence de l'autre et la présence à l'autre vont désormais constituer le plus important de la vie. Alban et Ingrid commencent une grande conversation.

La Présence

« Jésus est venu à nous comme un homme qui vient de loin. On entend ses pas, d'abord à peine perceptibles, puis toujours plus sûrs, jusqu'à ce qu'on comprenne que son pas est la Présence. »

Ainsi commence une présentation de Jésus. Ainsi commence pour beaucoup l'aventure avec Jésus. On écoute à la messe du dimanche des textes d'Évangile inlassablement repris. Ce sont les premiers pas. Jésus n'est encore qu'un admirable conteur de paraboles et un exigeant moraliste. On apprend à vivre avec des personnages typiques : le centurion, la Cananéenne, Zachée, le père de l'enfant prodigue.

Un jour, après avoir tant regardé les gens de l'Évangile, c'est Jésus que l'on contemple. Il envahit notre vie. Nos matins sont tout de suite pour lui, nos soirs se referment avec lui. Il devient la Présence.

Triple présence. Longtemps nous le fréquentons sans nous rendre compte qu'il veut nous conduire au Père et nous donner l'Esprit. Mystère d'inconcevable unité sans confusion. Un jour, il nous dit : « Je ne suis jamais seul. » Nous ne pouvons plus l'aimer seul, mais c'est bien lui alors que nous aimons, engendré par le Père et donné par l'Esprit.

Et donné par nos frères. Sommet de l'aventure d'amour : aimez-vous. Je ne vous demande que cela : aimez-vous. Quand vous rencontrez vraiment un homme, surtout s'il est malheureux, c'est moi que vous rencontrez. Plus que jamais, alors, dans notre vie, il est la Présence.

« Ça va nous manquer ! »

Au repas de midi, une maman raconte les réactions très différentes de ses jeunes enfants devant le don aux pauvres. Voyant tout ce qu'elle empilait pour aller le porter au Secours catholique, sa fille est révoltée : « Mais, maman, ça va nous manquer ! »

Le petit frère réplique aussitôt : « Si ça fait pas mal, c'est pas un don. »

Et il pose sur les vêtements sa précieuse montre parlante.

Les quatre soucis de la femme de cinquante ans

Une injustice disparaît : dans les couples, la femme et le mari peuvent garder maintenant la même cinquantaine triomphante.

Reste une différence : la femme de cinquante ans est plus inquiète : suis-je encore belle ? Et surtout : vais-je rester belle ?

Je me souviens de la réponse de Mme Fabius au journaliste qui lui demandait : vous trouvez-vous belle ? « Cela dépend du regard de mon mari. » Elle aurait pu dire : « Cela dépend de tous les regards. » D'où les quatre soucis : ne pas grossir, ne jamais paraître négligée, garder des jolies jambes et surtout un visage agréable.

Mais là commencent les erreurs : trop se fier aux crèmes et aux fards. Ils ne redonnent pas l'éclat du printemps. À mesure qu'on vieillit, seul l'intérieur peut maintenir le charme de la femme de cinquante ans : le sourire, la vivacité du regard, la paix des cœurs profonds. À ceux qui me demandent ce qu'apporte l'oraison je n'ai jamais osé dire : « Elle modèle aussi de beaux visages. » Et c'est pourtant tellement vrai.

Mais cinquante ans est l'âge des prises de pouvoir. En famille, dans le travail, dans les mouvements, la femme se virilise, elle devient autoritaire. Quel homme aime les femmes autoritaires ?

Réciproquement, quelle femme peut supporter un mari vieillissant qui se construit peu à peu son monde à part ? Sa voiture, sa passion pour les matchs de foot ou pour les modèles réduits. Quand ne survient pas le plus grave : l'attachement à une jeune femme qui lui donne l'illusion de rajeunir.

Révolté par ce genre d'abandon (« Il m'a lâchée pour une plus jeune. »), Brassens a répliqué par une belle déclaration d'amour :

« [...] Je sais par cœur toutes tes grâces
Et, pour me les faire oublier,
Il faudra que Saturne en fasse
Des tours d'horloge de sablier
Et la petite pisseuse d'en face
Peut bien aller se rhabiller ! »

Holistique

Karine ne me dit même pas bonjour. De la porte, elle crie :

— Oh ! Que je suis contente ! J'ai un mot merveilleux : « holistique » !
Ça vous dit quelque chose ?

Je rassemble mes quelques bribes de New Age.

— Je crois que cela définit une vision unifiée de la réalité. Tout est
manifestation d'une seule réalité ultime.

— C'est ça ! C'est la grande harmonie, le pied de nez à tous les
conflits.

— Là, tu vas un peu vite. On n'escamote pas les conflits avec deux
pincées d'holistique. On ne doit même pas les escamoter.

— Tiens ! Pourquoi ?

— Parce qu'un conflit est un feu rouge qui nous signale qu'une situation est injuste, qu'une personne est mauvaise.

— On lui sourit.

— Non, on essaie de la faire changer en profondeur. On s'attaque
aussi très fermement aux situations d'injustice.

— Vous m'abîmez mon holistique !

— J'aime bien aussi ce mot, à condition d'en voir les limites. C'est
proche de paix et d'harmonie, mais c'est trop rêveur. Tels que nous
sommes faits, la paix et l'harmonie doivent passer par des combats. « Je
ne suis pas venu apporter la paix, dit Jésus, mais la guerre » (Luc 12, 51).

— Il n'était pas holistique.

— Il était réaliste, il connaissait, dit saint Jean, le cœur de l'homme.
C'est là que naissent les conflits et c'est là qu'il faut purifier les deux
sources mauvaises : l'orgueil et l'égoïsme.

— Vous ne me laissez rien pour mon holistique ?

— Si, je te laisse tout : la « possibilité » d'une grande harmonie parce
que justement il existe une harmonie première, une unité éblouissante :
Dieu, qui est un bloc d'amour constitué avec les plus grandes différences.
Le commandement de Jésus : « Aimez-vous tous », est un commandement holistique. L'idéal chrétien est un grand rêve holistique, mais il
n'est ni naïf ni lâche : si tu veux la paix réelle, prépare-toi à te battre.

Les deux portes du dialogue

Un samouraï rencontre un maître zen :
— Je voudrais connaître les portes de l'enfer et du paradis.
— C'est difficile et tu n'es qu'un sot.
Le samouraï sort son épée :
— Je suis un guerrier et je vais te tuer.
— Ça, c'est la porte de l'enfer.
Le samouraï remet son épée en place :
— Ça, dit le maître zen, c'est la porte du paradis.

Faut-il aller dialoguer comme un samouraï ?... Pourquoi pas ? À force de lénifier les dialogues, on finirait par les rendre précautionneux et peu vivants. C'est bien d'engager parfois le fer.

À condition de se rappeler à temps la porte de l'enfer ! Désir non d'écouter et de recevoir, mais de tuer l'autre. C'est moi qui sais, c'est moi qui ai raison.

Vite ! Remettre l'épée au fourreau, entrer au paradis de la véritable écoute où l'on s'intéresse enfin aux idées de l'autre.

Difficile prière d'adhésion

Elle a soixante-deux ans et elle est en pleine forme. Jeune religieuse, elle était devenue très vite supérieure de communauté et provinciale, et un beau jour, générale. Au bout de son premier mandat elle n'a pas été réélue.

Tout à coup, cette compétente superactive réalise que les nouvelles autorités se posent à son sujet une question meurtrière : qu'est-ce qu'on peut bien en faire ? Après des jours très durs, elle m'a envoyé sa prière d'adhésion.

Seigneur, donne-moi d'admettre que la Congrégation n'est pas injuste à mon égard.

Aide-moi à voir dans ce déracinement une manifestation normale de la vie qui se renouvelle.

Arrache-moi l'orgueil de mon expérience, le sentiment de me croire indispensable, mes jugements durs sur celles qui prennent le relais.

Apprends-moi à devenir celle qui ne commande plus et qui reçoit des ordres. Celle vers qui on ne se précipite plus.

Que mon seul souci, maintenant, soit d'être utile là où on m'enverra.

Fais que je puisse offrir mon optimisme et ma prière à celles qui vont porter les grandes responsabilités que je connais.

Je ne suis pas ex-générale, je suis sœur Marie-Amélie. À soixante-deux ans, j'ai tout à inventer.

N'emportez que l'amour

Dans un cantique de Tamié, je découvre cette merveille : « Pour aller réconcilier le monde, n'emportez que l'amour. »

On pense évidemment aux recommandations de Jésus à ses premiers missionnaires : n'emportez que le strict nécessaire. On pense aussi à ceux qui se préparent à partir vers leur première paroisse, le premier poste d'aumônier. Quels livres vais-je emporter ? Quel ordinateur ? Quels vêtements d'hiver ?...

N'emporte que l'amour. Cela ne veut pas dire que tu dois arriver sans valises, sans dossiers, sans idées sur ton apostolat.

Mais fais quand même suffisamment le vide pour te concentrer sur l'unique nécessaire : tu dois aller porter l'amour.

C'est le moment de méditer l'hymne à l'amour : J'ai beaucoup étudié l'histoire, la géographie et la pastorale, mais s'il me manque l'amour je ne suis qu'une cymbale. J'ai le don de la parole, j'ai travaillé la théologie, je sens que j'ai la foi qui transporte les montagnes. Mais s'il me manque l'amour je ne suis rien (cf. 1 Corinthiens 13).

Rien ! Quand on comprend la force de ce rien, on comprend aussi la force du conseil primordial pour tout envoi en mission : n'emporte que l'amour.

Sans l'amour, tu auras beau avoir tous les équipements du monde, tu ne feras vibrer personne quand tu répéteras : « Je suis venu vous dire que Dieu vous aime. »

Mais avec l'amour, tu réaliseras des prouesses avec ton ordinateur, tes vidéos et tes fiches.

Les questions de Karine

— Vous aimez Jésus ?

— Oui.

— Comment ça vous est venu ?

— On m'a parlé de lui, il a envahi mes pensées. Un jour, j'ai eu une sorte de choc.

— Le coup de foudre ?

— Si tu veux. J'avais acheté un petit livre qui s'intitule **Première lettre de saint Jean**. Jean raconte sa rencontre avec Jésus, ce fut aussi ma rencontre.

— Je voudrais écouter ce texte.

— « Ce qui était au commencement, ce que nous avons entendu, ce que nous avons vu de nos yeux, ce que nous avons contemplé et que nos mains ont palpé du Verbe de vie – car la vie s'est manifestée, nous vous annonçons la vie éternelle qui était tournée vers le Père et s'est manifestée à nous... »

— C'est Jésus ?

— Oui. Je me suis dit : si vraiment Jésus est la vie, qu'est-ce qui est important ? J'avais dix-neuf ans. J'ai pris la décision de me faire religieux.

— Pour voir si Jésus est vraiment la vie ?

— Oui. Le noviciat et le scolasticat étaient une sorte de fréquentation continuelle de Jésus. Il y avait les études de théologie, la lecture de l'Évangile, la messe, l'oraison.

— Mais vous, ce n'est pas comme Jean ? Vous n'avez pas vu Jésus, vous aimez un fantôme, ce sont des imaginations.

— Qui tiennent depuis soixante-cinq ans. Il n'y a pas seulement ce que je veux vivre avec lui, mais ce qu'il veut vivre avec moi.

— Vous n'en savez rien. Vous n'avez pas son numéro de téléphone.

— J'en ai trois. L'Évangile, la messe et l'oraison.

109

Seulement quatre mots

On raconte qu'un brave juif, fatigué par les longs commentaires de la Loi, demanda à un célèbre rabbin : «Dis-moi l'essentiel juste pendant le temps où je peux rester debout sur un seul pied.»

Est-ce que moi aussi, je peux tout dire en quatre mots ?

C'est !

Le mot de l'adhésion réaliste à ce qui nous arrive. Telle difficulté dans le travail : «C'est !» Telle mauvaise humeur chez un compagnon de vie : «C'est !» Tel problème de santé : «C'est !» Rien de tel pour muscler notre résistance, on peut boxer avec la vie.

Là-dedans !

Le mot anti-évasion. Une fois bien calé sur le «c'est !», on se refuse les «si» inutiles, les tentations d'aller s'installer dans des ailleurs imaginaires. J'étais si bien hier, je serai si bien demain, j'aime mieux faire ce rangement plutôt que cette lettre. Non et non. Je m'enracine dans ce que j'ai décidé, dans ce que j'ai à faire maintenant, «là-dedans».

Aime !

Dans la vie qui est la mienne, le Christ ne me demande qu'une chose : aimer. La vie se simplifie ! Une seule question : comment puis-je aimer ? Là ? Avec celui-ci, avec celle-là ? Je pourrais penser que ma vie, c'est mille tâches, mille personnes, mille situations. Pas du tout, une seule chose m'est demandée. Si je le fais, je réussis tout.

Fais-le !

Si je le fais ! Impossible de chercher l'essentiel du message évangélique sans tomber sur le «fais-le !» si souvent formulé par Jésus. Petit dernier pas, immense dernier pas : «Fais-le !»

Marie de la nuit

Elle ne comprit pas... Elle gardait ces événements dans son cœur
(Luc 1, 50-51).

Marie est le modèle de l'adhésion dans la nuit. Nous voulons bien adhérer aux desseins de Dieu, mais à condition de comprendre. Personne n'a voulu plus que Marie adhérer aux desseins de Dieu, mais elle a accepté de durer dans la nuit, de durer sans comprendre.

Lenteur des années obscures à Nazareth. Elle regardait Jésus : comment sera-t-il, le Messie ? Montée de l'incompréhension de tous, foule et autorités, pendant la vie publique. Comment est-ce possible que Jésus se fasse si mal comprendre ? Insoutenables visions de la Passion, de la flagellation ; le chemin de croix, la crucifixion. Était-ce donc cela, l'action libératrice du Messie ?

Nuits de Marie. On ose maintenant parler de son cheminement dans la foi. Non seulement ce fut une avancée difficile, comme tous les chemins de la foi, mais pour elle ce fut le plus souvent un chemin de nuit.

Marie de la nuit peut tellement nous aider dans nos nuits : mort d'un enfant, pénible maladie, trahison, solitude du veuvage. Pourquoi la vie est-elle si dure à porter ?

Ce n'est pas la bonne question. Sûrement pas la question de Marie. Mais plutôt : comment garder la foi dans une nuit si épaisse ?

Marie nous apprend à accepter que les questions restent des questions. On peut vivre dans cette cohabitation désagréable et parfois très douloureuse. Même si on se heurte à la doctrine du péché originel ou au mystère de la mort rédemptrice du Christ, et plus radicalement au mystère du mal. On peut toujours aimer. Aucune nuit n'a empêché Marie d'aimer.

Lette à une catéchiste

Je suis très heureux d'apprendre que vous vous lancez dans la caté-
chèse, mais je comprends bien vos appréhensions. Quelle mission! Je
me souviens qu'au cours d'une interview Claude Nougaro me disait :
«Au catéchisme, on n'a pas su me sensibiliser à Jésus Christ.»
Question fondamentale! La tentation sera toujours très forte de se pré-
occuper tellement de l'enseignement qu'on oublie l'imprégnation :
sensibiliser à Jésus Christ.

Combien de fois j'ai entendu des gens me dire : «J'ai tout lâché, et
pourtant j'étais premier au catéchisme!» Premier en connaissance,
mais probablement pas en adhésion. Venue me présenter sa toute petite
fille, une maman me disait fièrement : «Elle sait déjà le "Notre Père!"»

Elle va en dire, des «Notre Père»! Mais à quel moment aura-t-elle
l'éblouissement : «J'ai un Père! et c'est Dieu!»

Je vois que, à votre habitude d'intellectuelle, vous vous êtes précipi-
tée sur les méthodes et la documentation. Dans ce domaine on fait bien
les choses et j'admire beaucoup la revue *Points de repère*. Mais, avant
tout, c'est votre amour pour Jésus qui éveillera ces jeunes cœurs au
même amour.

Vous me dites que vous êtes déconcertée par leurs questions. Il y a
de quoi! «Pourquoi Dieu a laissé mourir mon petit frère? Pourquoi
papa ne va pas à la messe? Pourquoi Dieu ne tue pas les hommes qui
attaquent les enfants? Pourquoi je suis aussi méchant après avoir com-
munié?» En vous lisant, je me demandais ce que je répondrais!

Mais leur questionnement submergera toujours notre capacité de
réponse. Vous êtes maintenant appelée à être beaucoup plus témoin
que savante. Vous savez ce que cela veut dire : être saisie par le Christ
et enseignée par l'Esprit.

112

Les bras levés de Moïse

J'aime cette image de la prière :
les bras levés de Moïse
pendant le rude combat contre Amalec.
Quand il tenait la main levée,
Israël était le plus fort.
Quand il la laissait retomber,
Amalec était le plus fort.

Quand je prie, je suis le vainqueur.
Quand j'abandonne la prière,
tout m'écrase
et tout se vide de vie.

Jésus, tu savais cela
et tu priais longtemps.
Enracine en moi cette conviction :
c'est dans la prière
que tu façonnes en moi
un vainqueur.

Le grand combat

— Je sais que je dois aimer, me dit Valérie, mais j'ai mauvais caractère, je suis mauvaise langue, je suis égoïste. Comment peut-on avoir tellement envie d'aimer, et rester si loin de l'amour ? Je suis emprisonnée dans cette contradiction. Je sens qu'il faut aimer, et j'en suis incapable.

— Dieu vous met dans ce trou pour que vous leviez la tête. C'est à lui que vous devez demander la grâce de pouvoir aimer.

— Mais je lui demande !

— Vous allez peut-être enfin demander. Il me semble que jamais vous n'avez ressenti à ce point le désespoir de ne pas aimer. C'est une grande grâce d'appel. Levez-vous chaque matin avec comme première prière : « Seigneur, donne-moi d'aimer ! » Après une faute contre la charité fraternelle ne restez pas dans l'humiliation ou le regret, mais reprenez tout de suite votre prière pour aimer et votre volonté d'y arriver.

— Je vais vivre dans trop de tension.

— Pas forcément. Vous aurez la joie de faire quelques petits progrès. En même temps va grandir une sorte d'horreur des fautes contre la charité. En fait, le plus souvent notre désir d'aimer n'est pas tout à fait sérieux. Vous, vous êtes arrivée au point où vous êtes prête à engager toutes vos forces pour pratiquer l'amour. En le demandant !

Chemin de croix

Première station : Jésus est condamné à mort. Qui le condamne ? Les juifs ? Pilate ? Oui, et nos fautes. Elles lui disent : Tu me gênes. Tu m'empêches de vivre comme je voudrais vivre.

Deuxième station : Jésus est chargé de sa croix. Le Père n'a pas livré son Fils à la croix, mais à un amour qui devait aller jusqu'à la croix.

Troisième station : Jésus tombe pour la première fois. Devant Jésus qui tombe, quel orgueil en nous reste encore debout ?

Quatrième station : Jésus rencontre sa mère. Ils ont l'habitude de se dire tant de choses en silence. Ce qui s'échange là, c'est ce que met saint Jean au début de la Passion : « Jésus, ayant aimé les siens, les aima jusqu'au bout. » Ne demandons que cela à Marie : pouvoir aller jusqu'au bout.

Cinquième station : Simon de Cyrène aide Jésus à porter sa croix. Station pour les infirmières des corps et des cœurs. De tous ceux qui peuvent aider quelqu'un à porter sa croix.

Sixième station : Véronique essuie le visage de Jésus. Savoir essuyer les larmes et les crachats, les souffrances et les humiliations, avec des linges d'amour.

Septième station : Jésus tombe pour la deuxième fois. La route du calvaire s'allonge et monte plus durement. Ô Jésus, dans les épreuves longues et lassantes, aide-moi à rester près de toi.

Huitième station : Jésus exhorte les femmes de Jérusalem. Ne pleurez pas, mais essayez de mieux vivre.

Chemin de croix II

Neuvième station : Jésus tombe une troisième fois. L'heure affreuse. On ne peut plus rien. Jésus, par ta troisième chute, aide-nous à accepter notre corps impuissant, notre âme dans la nuit.

Dixième station : Jésus est dénudé. Devant cette humiliation, essayons d'arracher de nous tout orgueil et toute vanité.

Onzième station : Jésus est cloué à la croix. Me laisser clouer par tous les clous de la vie.

Douzième station : Jésus meurt sur la croix. « Mon Dieu, Mon Dieu, pourquoi m'as-tu abandonné ? » Jésus, aucun être n'ira plus loin que toi dans l'écartèlement. Tu étais le Fils par une indescriptible union, et tu t'es senti abandonné ! Jésus des abandonnés, donne-leur de pouvoir dire malgré tout comme toi : « Père, je me remets entre tes mains. »

Treizième station : Jésus est descendu de la croix. La Pietà. Sur les genoux de Marie ce corps inerte abîmé par tant de souffrances. Station de la souffrance des mères. Toi, Marie, même là, tu n'as pas désespéré.

Quatorzième station : Jésus est mis au tombeau. La scène qui appelle le plus notre foi. Croire que la puissance de Dieu peut vaincre la mort.

Quinzième station : la résurrection de Jésus. Le message du Chemin de croix : il fallait suivre Jésus jusque-là, mais ne le cherchons pas parmi les morts. Trouvons partout sa vie en traversant des morts.

Les questions de Karine

— Qu'est-ce que ça veut dire, intérioriser?

— S'approprier profondément, très personnellement, une idée, ou un conseil, une résolution. C'est le contraire de la superficialité, qui consiste à recevoir beaucoup d'informations sans rien enraciner, et sans que ça nous fasse bouger.

— Trop abstrait. Donnez-moi un exemple.

— Par exemple, comment intérioriser la notion de pardon? On part de l'idée: «Il ne faut pas se venger.» C'est très acceptable parce que c'est une loi impersonnelle négative. Mais on reste loin de la chose, on a seulement perçu un feu rouge.

«Il faut savoir pardonner.» Toujours impersonnel, mais positif. On apprend à aimer le feu rouge.

«Seigneur, toi tu veux que je pardonne.» On a intériorisé, c'est devenu personnel, ça nous concerne.

«Viens, nous dit Jésus, nous allons pardonner ensemble.» Ça, pour un chrétien, c'est la totale intériorisation. De l'idée abstraite, on est passé à un acte très concret, accompli avec Jésus.

« *Tu es fou !* »

Au Tibet, un saint homme fait route avec un paysan. La marche dans la neige est de plus en plus pénible.

— Nous allons mourir, dit le paysan.

— Mais non, dit le saint. Tends la main vers Dieu, laisse-toi tirer par lui.

Soudain, ils butent contre un homme évanoui dans la neige. Le saint s'arrête. Le paysan continue.

— Viens ! dit-il au saint, ce n'est pas le moment de s'arrêter.

— Mais, si on le laisse, cet homme va mourir.

— Et alors ? C'est lui ou nous. Viens !

Le saint commence à charger l'homme sur ses épaules.

— Tu es fou ! dit le paysan en continuant péniblement sa marche.

Le saint repart lui aussi. C'est très dur, mais peu à peu ce terrible effort le réchauffe.

Le paysan, lui, s'écroule tout à coup, mort de froid.

Transformer nos handicaps en atouts

À midi, mon vieil ami Alain, quatre-vingt-sept ans, est venu nous rendre visite. Il a tellement séduit tout le monde que, un peu jaloux, je lui ai demandé :

— Dis-moi ton secret.

— Tu vas rire. Je suis devenu prestidigitateur. Je transforme mes handicaps en atouts. Par exemple, la lenteur. Insensiblement, insidieusement, nous sommes devenus des gens lents à se mouvoir, à se décider, à s'enthousiasmer. Ça irrite nos proches et ça nous blesse. Un jour, j'ai constaté que la lenteur nous rendait plus attentifs. Dans un monde de zappeurs, nous savourons, nous approfondissons. Mes petits-enfants aiment beaucoup : « Avec toi, on peut examiner les choses calmement. » Dans un amusant portrait, une petite de huit ans affirme : « Une vraie grand-mère ne dit jamais : dépêche-toi. »

— Deuxième atout ?

— Notre fragilité. Nous devons maintenir notre présence autrement que par la force et les éclats de voix. Ça peut développer notre sens de la négociation. Chercher les temps favorables, les mots efficaces.

— Un autre atout ?

— Plus difficile. Lutter contre l'inactivité en développant une disponibilité astucieuse. On n'a plus rien à faire, on ne nous demande rien. Ça pourrait nous enfoncer dans une vie larvaire. J'essaie d'être à l'affût d'un service à rendre. On s'en rend compte. « Papy pourrait peut-être s'en charger ? Il sait tout faire. »

Tiens ! Encore un handicap, et très gênant : se plaindre de tout. J'ai découvert ça à partir d'une réflexion de Nadine, douze ans : « Qu'est-ce qu'il devient casse-pieds, le papy ! Jamais content des autres. Et lui alors ? » Ça a fait tilt. Dès que j'ai envie de me plaindre de quelqu'un j'entends le « et lui ? » de Nadine.

Cercueil ou cendres ?

Discussion à midi sur l'incinération. Dans la soirée, je retrouve une lettre assez curieuse du courrier de *La Croix*. Un prêtre, ancien employé aux pompes funèbres, a pu découvrir des raisons qui poussent à demander l'incinération.

« Les motifs, dit-il, sont multiples. Je voudrais en aborder un, généralement inconscient de la part des familles. Elles cherchent à détruire quelque chose qui a abîmé l'image de leur défunt.

Une maladie, par exemple : les familles des sidéens demandent automatiquement l'incinération. De même, souvent, pour des cancers et des hépatites.

Une mort brutale : accidents (surtout si le corps a été défiguré), suicides, corps retrouvés longtemps après le décès. Ils veulent éviter à leur mort l'horreur de la corruption. C'est toujours le désir de garder la meilleure image de l'être aimé. »

Cette lettre fait réfléchir sur la notion de « cadavre ». Les restes mortels d'un humain méritent toujours le respect. Mais ce n'est pas à partir d'un cadavre que va se jouer la résurrection.

À la mort, quand notre corps biologique actuel devient un cadavre, un processus commence, ou plutôt continue, car il jouait déjà avant la mort : la construction de notre corps d'éternité. Saint Paul l'appelle « corps spirituel ». On pourrait l'appeler aussi « corps d'amour ». Il est constitué par l'amour vécu avant notre mort et il va nous permettre de vivre d'amour pendant toute l'éternité. Notre corps actuel est déjà essentiellement relationnel, mais avec des ratés et des manques. Notre corps de résurrection sera parfaitement relationnel. Voilà à quoi on peut essayer de penser devant un cercueil ou devant les cendres de l'incinération : notre défunt vient d'entrer dans une vie nouvelle.

« *Ne quittez pas votre cœur !* »

Ce n'est pas le problème de la prière qui est premier, c'est le problème de l'oubli de Dieu. Inutile de prier si le reste du temps on vit en oubli de Dieu. Avec, comme conséquence inéluctable, un comportement peu fraternel.

Lorsque quelqu'un me pose des questions sur la valeur de son oraison, je lui demande : « Comment vis-tu tes relations et ton travail ? » Presque toujours on constate que ces deux choses sont vécues loin de Dieu. On reporte toute la proximité avec Dieu sur la prière. Mais cette prière désincarnée n'est pas bonne. Dès qu'on en sort on rechigne devant la vie, preuve qu'on avait prié sans atteindre Dieu, car il n'est pas le Dieu des pensées et des beaux sentiments, il est le Dieu de la vie vécue à fond avec lui.

Nos frères d'Orient insistent beaucoup sur cette union à Dieu vécue tantôt dans la prière et tantôt dans les relations et dans les tâches. Pour eux, la prière est « l'éclat de celui qui se tient devant Dieu », elle est le souvenir continuel de Dieu, la hâte à se mettre et se remettre au soleil de Dieu. « Faites vos délices de votre conversation avec Dieu, elle peut être continuelle. »

Comment ? « Concentrez votre attention dans le cœur avec la certitude absolue que le Seigneur est là et qu'il vous écoute. Et criez vers lui : Seigneur Jésus Christ, Fils de Dieu, aie pitié de moi, pécheur ! »

C'est la célèbre prière de Jésus, prière de présence : « Je suis là et tu es là, tu me regardes ! »

Cette attention à Dieu dans notre cœur est l'or de toute notre vie spirituelle. « Ne quittez pas votre cœur, le Seigneur est là ! » Être toujours chez soi et y rester avec le Seigneur, cela chasse l'inutile et le mauvais, c'est la plus totale purification.

D'après *L'art de la prière*, de Chariton, abbaye de Bellefontaine

121

Oui ou non, la messe est-elle obligatoire ?

Dès qu'on parle de l'obligation d'aller à la messe, le débat devient vite passionné. Je me souviens d'une attaque assez rude de la part d'une dame âgée.

– Depuis quand ? Vous affirmez que la messe du dimanche n'est pas obligatoire. Mais depuis quand ?

– Depuis toujours. C'est l'amour qui est obligatoire. Quand il y a amour, personne ne songe à l'obligation. Si un amoureux dit : « Je suis obligé de t'aimer », il n'aime plus.

Mais on doit se donner les moyens de maintenir l'amour. Il y a en tout amour un jeu de spontanéité et de volonté.

Sachant cela – car elle est sage –, l'Église donne des béquilles à notre volonté.

Le malheur, c'est quand il y a plus de béquilles que d'amour. Finalement on n'allait à la messe que par obligation. Il y a eu retournement, surtout chez les jeunes et dans l'opinion : c'est l'obligation qui disparaît et l'Église insiste maintenant sur l'amour. Mais sans obligation du tout (au moins intérieure), on risque de laisser tomber.

Il faut un grand amour comme motivation, mais parfois un peu d'obligation pour relayer l'amour.

Le quatrième mage

Il y avait un quatrième mage. Mais il avait manqué le rendez-vous à la crèche. Il était arrivé beaucoup trop tard. Plus de Marie et Joseph, plus d'Enfant, plus rien !

Pourquoi était-il arrivé si tard ? Parce que pendant le long voyage on faisait continuellement appel à lui et il ne savait pas refuser. Ici une bonne parole, là un encouragement, un petit pansement à un frère, quelquefois un peu d'argent. Mais le plus souvent on lui demandait d'écouter. Jamais les gens n'avaient été écoutés de cette façon. Avec ces yeux, ce cœur, cette paix.

Si bien qu'il avait vraiment beaucoup tardé. Trente ans ! On lui dit que Jésus était à Jérusalem. Mais quand il arriva, Jésus était en train de mourir sur la croix. On lui raconta qu'il avait passé trois ans à écouter tout le monde.

Sur le chemin du retour, il était triste et pourtant heureux. Il lui semblait qu'un homme marchait tout près de lui.

— Je suis Jésus, lui dit l'homme.
— Ah ! je t'ai manqué.
— Mais non, tu marchais près de moi. Sur ma route.
— Quelle route ?
— Le chemin où l'on accepte d'être dérangé.

« *Mon fils est homosexuel* »

Discussion pénible aujourd'hui. La veille, un grand défilé des homosexuels à Paris avait révolté Nicolas.

– Qu'ils se cachent, au moins ! Ce ne sont pas des gens normaux.

On voulait le faire taire, mais Nicole a dit calmement : « Mon fils est homosexuel. Je ne crois pas qu'il soit anormal. »

Le débat s'engageait mal. J'ai essayé de raconter ma propre évolution à ce sujet. Au début, dans mes recensions de livres et de films, j'étais très dur et je parlais aussi d'anormalité. J'ai reçu une lettre d'un homo chrétien me disant que j'étais sans amour.

Ça m'a secoué. À partir de là j'ai remplacé normalité par idéal. Alors, il n'y a plus ni jugeurs ni jugés, mais des frères qui essaient de vivre, chacun comme il peut, son idéal. Personne n'atteint l'idéal, nous sommes tous en marche, ça doit nous rendre compréhensifs.

Les hétéros, au lieu de condamner sans nuance, feraient bien de se documenter sur les problèmes des homos... en n'oubliant pas leurs propres problèmes !

La grande question, c'est de pouvoir s'ouvrir à toute la richesse d'un homme. Un homo n'est pas que cela. Sa tendance, très particulière il faut bien le dire, ne doit pas être une sorte de gros rocher derrière lequel nous ne voyons plus rien.

En réalité, il a des qualités et il mène des combats. Comme nous ! Le jour où j'ai mieux compris cela, je crois que j'ai pu aider un peu des parents traumatisés par la découverte de l'homosexualité de leur enfant et encore plus par le climat de dérision qu'ils sentaient autour d'eux.

Contre les jouets guerriers

Discussion avec des parents sur les jouets guerriers. Les mamans disaient que tous les garçons en veulent, et un papa a appuyé :

— Qui, enfant, n'a pas joué à la guerre ? Moi, à Noël, je demandais toujours des soldats, et sans arrêt je faisais la guerre. Ça ne m'a pas empêché de devenir un homme très pacifique.

— Oui, a dit Colette, mais les jeux vidéo deviennent de plus en plus violents.

Quelqu'un a cité un exemple incroyable rapporté par *Bonne soirée*. C'était un jeu vidéo américain intitulé «Massacre dans une cour d'école». Un tireur embusqué devait faire feu sur tout enfant qui osait traverser la cour. Le jeu a été interdit après les protestations des parents. C'est une première défense, on peut calmer les fabricants !

Le groupe est finalement tombé d'accord sur une autre stratégie. C'est irréaliste de vouloir supprimer tous les jeux guerriers, beaucoup d'enfants les aiment, et il y a aussi les copains.

Mais on peut diversifier les cadeaux, lancer un jeu de société, offrir un livre passionnant, éveiller des goûts pacifiques comme la collection de timbres.

Et pourquoi ne pas essayer d'inoculer très tôt l'horreur de la guerre, le mépris pour la force brutale, l'admiration pour la force tranquille ?

Lettre d'un très vieux mari

« Ma chérie, nous nous disons tout, mais nous n'osons pas parler de ma mort.

Elle approche, et toi tu restes encore très jeune. Des jours viennent où tu seras seule et tu ne veux pas y penser. Quand nous apprenons la mort de quelqu'un de mon âge, tu changes tout de suite de sujet.

Mais moi, j'y pense, et je voudrais en parler avec toi. Je n'aime pas ce silence qui fait de nous pour la première fois des étrangers. Et des païens, alors que nous sommes tous les deux des croyants.

Tu vas vivre des moments difficiles quand tu devras dire aux gens qui attendront des nouvelles : "Il est très malade… Il est mort." Je voudrais que tu puisses penser paisiblement : il est parti en voyage, auprès du Père, et il m'attend.

Merveille de notre foi : la mort n'est qu'une séparation momentanée. Et pas totale. Nous penserons tellement l'un à l'autre, puisque nous serons l'un et l'autre des vivants.

Pourquoi ne pouvons-nous pas parler dès maintenant de ces choses ? Cela m'aiderait beaucoup à avancer sur des chemins mystérieux. Est-ce que cela ne t'aiderait pas aussi à vivre bientôt pendant quelque temps sans ma présence et sans ma voix ?

Antoine »

Le matin calme de ton visage

Je te salue, Marie,
pour le matin calme de ton vissage,
pays du plein accueil
à la volonté de Dieu.

« Le matin calme de ton visage. » Cette prière, parue dans la revue *Prier*, nous aide à nous approcher un peu du secret de Marie. Bénie entre toutes les femmes parce qu'elle a pu rester toujours calme en étant plein accueil de Dieu.

Être, pour la volonté de Dieu, un « pays de plein accueil » exige une écoute fine et inlassable. La Bible est un immense « Écoute, Israël ! » Marie a été cette écoute parfaite.

Mais l'écoute est une fleur qui doit donner son fruit : l'adhésion. « Je suis la servante de tes desseins. » Plutôt que l'humble servante elle a été la fière et amoureuse servante.

Marie n'a jamais hésité, sinon pour mieux comprendre ce que Dieu attendait d'elle. Le temps que nous passons à critiquer Dieu est du temps volé à l'adhésion, qui d'ailleurs nous aiderait à comprendre, puisque chacun de nos oui reçoit un peu plus de lumière.

Marie restait calme parce qu'elle ne méditait que pour mieux dire oui.

« *Ta volonté sera ce feu* »

Gertrude d'Helfta voulait ressentir le feu. Le Seigneur lui dit : « Ta volonté sera ce feu. »

J'ai ce feu. Quand je me sens froid pour la prière, pour un travail, pour une visite peu sympathique. Si je secoue ma volonté, le feu viendra.

On raconte que, lorsque Catherine de Sienne disait : « Io voglio ! » (Je veux), rien ne lui résistait. On a trop remplacé cette force de vouloir par des velléités ou des caprices de gosse : j'ai envie, j'ai pas envie.

On attend l'élan, on attend que ça aille mieux, on attend le feu : « Ta volonté sera ce feu. »

La volonté ouvre une porte et la vie revient. Le goût de prendre une initiative là où tout semblait paralysé.

On pousse aussi les autres à agir, la volonté est contagieuse. Il y a des milieux porteurs parce que le feu d'un entraîneur dégèle les passivités.

— On n'y arrivera pas !

— Essayez.

— On a déjà essayé.

— Recommencez.

Le patron et le chef

À midi, grande discussion sur les chefs de service; la vie au travail dépend tellement de ceux qui commandent.

L'ensemble était plutôt favorable à l'autorité. On aime mieux un vrai chef, même s'il est un peu trop autoritaire, qu'un chef incompétent, hésitant, versatile.

— X est très gentil, disait Nicole, mais avec lui, c'est le foutoir, et finalement on s'énerve, on n'est pas efficace, on se fait mal voir de la direction.

— D'accord, disait Jean-Yves, mais nous, on a un patron tellement patron qu'on vit dans un climat trop tendu. On a peur, on est humilié, on n'ose pas prendre des initiatives. Chaque matin je m'en vais au boulot de mauvais gré.

On s'est finalement mis d'accord sur trois critères du bon chef: le ton de commandement, la compétence et les relations agréables, ni trop distantes ni trop familières.

Jacky s'est rappelé un petit texte humoristique sur les différences entre le « patron » et le vrai chef.

Le patron dit : « Je ».
Le chef dit : « Nous ».
Le patron sait comment on fait quelque chose.
Le chef sait le faire.
Le patron exige le respect.
Le chef inspire le respect.

Les questions de Karine

Karine est venue me parler d'un week-end spirituel avec des garçons et des filles de son âge.

— C'était superbien. Mais le soir, à la maison, j'ai eu un accrochage avec ma mère et elle m'a dit : « Eh bien, ça ne t'a pas convertie ! » Qu'est-ce que ça veut dire, se convertir ?

— Le mot s'est très affaibli. Si on lui redonne tout son sens, il évoque une vie changée, complètement bouleversée. Ce fut la première parole de Jésus quand il s'est mis à prêcher : « Convertissez-vous ! » Il demandait beaucoup plus que de petits changements. Se convertir est une chose énorme. On comprend, ou plutôt Dieu nous fait comprendre, que le Christ, c'est la Vie. Et, deuxième illumination, on comprend aussi que cette vie est une vie d'amour, une vie pour aimer.

— C'est si extraordinaire ? On le sait bien, qu'il faut aimer !

— Nous le savons, mais nous ne misons pas tellement notre vie sur cette conviction. Nous ne voyons pas assez le lien entre le Christ et l'amour que nous devons vivre.

— Expliquez.

— Quand Jésus dit : « Je ne vous donne qu'un commandement, aimez-vous », il ajoute quelque chose qui change tout : « Aimez-vous comme je vous ai aimés. » Aimez-vous avec l'amour même qu'il y a en moi, qu'il y a entre le Père et moi.

— C'est fou ?

— C'est difficile à croire et à vivre, mais c'est pourtant bien ça la conversion. Croire que nous devons aimer comme le Christ. Que nous le pouvons. Et se dépêcher d'essayer.

Le lundi de la rose

Ce dimanche, on avait demandé aux paroissiens d'apporter des roses que l'aumônier de la prison devait remettre aux prisonniers. L'un d'eux a écrit une lettre de remerciement.

«Lundi matin, le gardien se tenait devant la porte de l'entrée des couloirs. À chaque détenu qui rentrait de la promenade il donnait une rose.

Sur les quelques mètres du parcours, les détenus marchaient, tenant leur rose comme un cierge ! Les visages s'éclairaient, se détendaient. Chacun voulait sentir le parfum de la rose qu'il tenait en main jalousement. Il l'emportait dans sa cellule. Elle allait être là pendant quelques jours, comme un point de lumière dans notre nuit.

Bien sûr, ce cadeau d'une rose a éveillé dans nos cœurs de détenus un sentiment de nostalgie parce qu'elle était le symbole des tendresses de l'extérieur. Mais c'était aussi l'appel à une vie profonde. Pas de doute, un souffle de l'Esprit transformait cette prison.

Vous, les aumôniers, continuez, apportez-nous les roses de la Parole de Dieu comme des fleurs d'espoir. Elles feront de nous, prisonniers des murs, des hommes libres de cœur, l'amour remplacera la haine.

Voici ce que fut pour nous le lundi de votre rose. Merci à tous ceux qui ont pensé qu'une rose allait nous dire ce que peut être encore notre vie. »

Olivier
D'après le journal *L'Écho*

« *Tu as tout perdu* »

Deux moines bouddhistes rejoignent leur monastère après un très long voyage. Arrivés au bord d'une rivière tumultueuse, ils rencontrent une belle jeune femme qui leur demande de l'aider à traverser.

— Portez-moi, j'ai peur.

— Pas question, dit le premier moine, nous ne devons pas toucher une femme ; ça nous donnerait de mauvaises pensées.

Sans rien dire, le second moine charge la jeune femme sur ses épaules et tous trois traversent la rivière. La jeune femme fait des adieux reconnaissants. Le premier moine dit à son compagnon :

— Tu n'aurais pas dû faire cela.

Au soir d'une rude journée de marche, le premier moine répète :

— Tu n'aurais pas dû faire cela !

— Faire quoi ?

— Porter cette jeune femme sur tes épaules.

— Ah bon ! J'avais déjà oublié.

Après trois jours, ils arrivent à la porte du monastère.

— Je vais te dénoncer, dit le premier moine, tu n'aurais pas dû porter cette jeune femme.

— Je ne l'ai portée que pendant quelques instants, mais toi, il me semble que tu la portes depuis quatre jours.

— Tu n'as pas eu de mauvaises pensées ?

— Si, j'ai perdu un peu ma paix, mais j'ai gagné d'avoir rendu un service. Toi, tu as tout perdu.

Pourquoi chercher du compliqué ?

Joyeuse surprise ! D'une famille amie je reçois la nouvelle que les cinq enfants (les âges vont de quinze à vingt-quatre ans) sont tous revenus complètement à Dieu. Bien entendu, j'ai voulu des détails. Il s'agit des week-ends du « Réveil chrétien ». Trois pas à faire :

1. *Dieu t'aime* : toi, tel que tu es.
2. *Aime-toi tel que tu es*, comme Dieu t'aime. Avec tout ce que tu es, tout ce que tu fais.
3. *Aime les autres.* Ne laisse jamais des pensées de contre-amour envahir ta vie.

Simple ? Simplissime. Mais je les connais, les cinq qui ont été retournés. Il faut croire que ces week-ends de réveil sont efficaces !

Peut-être parce que ça correspond à l'immense besoin de simplicité qu'on découvre partout. Des choses claires, accessibles, à vivre tout de suite.

« Dieu t'aime. » Un peu d'amour humain suffit déjà pour mener une vie éblouie. Pourquoi la pensée d'être aimé par Dieu nous laisse-t-elle si souvent dans la grisaille ? Nous ne connaissons pas assez Dieu. Nous n'arrivons pas à réaliser que nous vivons dans ce soleil d'amour. Moi ? Être tellement aimé ? « Dieu t'aime tel que tu es. » Mais je suis ceci et cela ? « Dieu t'aime tel que tu es. »

« Aime-toi. » On nous a mis si souvent en garde contre l'égoïsme et le narcissisme : nous nous aimons trop ! C'est probablement à voir de plus près. « Aime-toi tel que tu es. » Pas tel que je me voudrais. Tel que je suis. Tel que Dieu m'aime. Seigneur, qu'aimes-tu en moi ?

« Aime les autres. » Ne laisse jamais des pensées de contre-amour envahir ta vie. Quelle surveillance des pensées ! Quelle purification du cœur !

Les questions de Karine

— À l'aumônerie, une animatrice propose parfois de dire un « Je vous salue Marie ». C'est peut-être bête de ma part, mais j'aime pas. Je pense à autre chose, ces *Ave*, c'est pas vraiment une prière.

— Fais-en une activité intérieure. Si tu es seule, arrête-toi un peu, tout de suite après « Je vous salue, Marie ». Pour te mettre en face de toi et en face de Marie, deux vivants se rencontrent.

— Pour moi, le « Je vous salue, Marie », c'est plutôt la très vague rencontre d'une distraite avec un fantôme.

— Alors, essaie de mettre une Karine très vivante devant la toute-vivante, tu verras comme les mots changent. Par exemple, tu lui dis « Pleine de grâce » en te rappelant que ça signifie « Pleine de Dieu ». Pendant que nous sommes là, près d'elle, elle nous met en présence de Dieu.

« Le Seigneur est avec vous. » C'est la contemplation, Marie est la plus grande contemplative et elle peut nous rendre contemplatifs.

« Vous êtes bénie entre toutes les femmes. » Au-dessus de toutes, mais pas différente. C'est le moment où je renouvelle mon respect pour toutes les sœurs de Marie.

« Jésus votre enfant est béni. » Marie a été le premier lieu où Dieu a touché terre. Elle a porté neuf mois et nourri, protégé, le mystère inouï de l'Incarnation de Dieu.

« Sainte Marie, Mère de Dieu. » Quand nous disons cela, nous disons tout sur Marie et sur Dieu. Marie nous remet devant le mystère même de Dieu : il est Père.

« Priez pour nous. » Marie est la seule qui puisse prier pour nous en sachant ce qu'il nous faut.

— Au fond, un vrai : « Je vous salue Marie », c'est une petite rencontre avec elle ?

Exister en se donnant

Débat à midi sur les réactions de Simone à propos d'un week-end spirituel. « Je voulais apprendre à mieux exister pour les autres, et on nous a appris à nous occuper surtout de nous-mêmes. »

– C'est pas idiot, a dit Jacques. Quand j'entends : « Ce qui compte avant tout, c'est de se donner », j'ai envie de dire : « Toi, tu donnes quoi en te donnant ? Qui es-tu ? Quel cadeau as-tu pour les autres ? »

– Mais quand on se donne, a objecté Simone, on s'améliore forcément. Ce qui m'a hérissé dans ce week-end, c'est l'idée d'exister d'abord au maximum pour pouvoir se donner au maximum. En théorie, peut-être, mais en fait, si on s'occupe trop de sa petite personne on oublie vite les autres. Pour moi il ne s'agit pas d'exister pour se donner, mais d'exister en se donnant.

– Explique.

– J'ai toujours eu peur de l'individualisme. On se dit : si je suis mieux, je me donnerai mieux. Ce n'est pas si sûr. J'avais une copine plutôt généreuse. Elle s'est embarquée dans un truc du New Age où l'idéal est de se développer à fond : yoga, méditation transcendantale, bouquins de spiritualité. Résultat : elle n'a pas le temps de se donner aux autres. Et ce que je trouve très grave, elle n'a plus le goût.

– La copine, c'est toi ?

– Oui. J'allais à ce week-end pour retrouver le goût de me donner, et on nous a polarisés sur notre ego. Je veux bien me muscler physiquement et spirituellement. Mais pour servir tout de suite. Et en servant.

Que peut-on vivre avec quelqu'un
qui vient de mourir ?

Il n'est plus là, l'enfant si plein de vie qui tenait tant de place. Le grand frère très aimé, l'époux qui comptait tellement pour nous qu'on ne peut pas imaginer la vie sans lui.

On peut, en la rebâtissant sur deux certitudes. La première, c'est qu'il est vivant. Notre foi ne nous offre pas une rêverie, un faible espoir, un refuge sentimental, mais la plus solide des certitudes. « Dieu, disait Jésus, n'est pas le Dieu des morts, mais le Dieu des vivants. »

Deuxième lumière : l'amour que maintenant nous allons vivre sera tout à fait nouveau. C'est cette nouveauté qu'il faut accepter et mettre en valeur.

Un jeune veuf me disait :

— Je me bats avec des pensées. C'est dérisoire.

— Dérisoire ?

— Oui, parce que c'est son corps que je veux, son sourire, sa voix, sa manière de rejeter ses cheveux.

— Je comprends, mais je pense que maintenant vous devez essayer de vivre un autre amour. Dans le genre de ce que vous avez déjà vécu au cours de vos séparations momentanées quand il n'y avait même plus les lettres et le téléphone. Mais il restait la vie ! Vous saviez que Marlène pensait à vous et vous pensiez à Marlène. C'est très fort, ce lien, et on peut le rendre de plus en plus fort.

— Comment pouvez-vous affirmer cela ?

— Jésus, je ne le vois pas, je ne l'entends pas, et pourtant il remplit ma vie. Une vie au présent. L'erreur serait de rester dans les souvenirs ou dans la seule attente des retrouvailles. Marlène est vivante *en ce moment*. Que pouvez-vous vivre avec elle ? Un autre amour qui dépend beaucoup de vous.

Méditation sur « Dieu est amour »

«Dieu est Amour.» Si Dieu est amour, l'amour doit être quelque chose de bien plus extraordinaire que nous le pensons. Il faut essayer à tout prix de faire l'expérience de la vie dans l'amour.

Que ma vie devienne impossible dès que je blesse l'amour.

Donner à tout le goût et la couleur de l'amour.

Rejeter tout conflit? Non, mais en plein conflit, rester dans l'amour.

Que faudrait-il surveiller pour arriver à toujours aimer? Surveiller ma conversation intérieure. C'est là, dit Jésus, que naissent tous les contre-amours. C'est là que meurt l'amour. Il ne peut pas vivre dans les pensées négatives. Ombres de cafard, ruminations d'orgueil blessé, préventions contre tel ou tel, peurs de souffrir de ceci et de cela. Pour toujours aimer, redevenir très vite un lac tranquille. En regardant Jésus : «Mais je suis là!»

Surveiller mes dialogues. Revenir inlassablement à : «Tu es mon frère, je veux t'aimer.» Pas te terrasser ou t'inquiéter, mais te rendre plus heureux.

Surveiller toute réaction d'égoïsme. Refuser un service, c'est sortir immédiatement de l'amour.

« *Viens manger à mon arbre* »

Huguette, catéchiste, sort de son sac un poème.

— Avant de vous le faire lire, il faut que je vous raconte toute l'histoire. Nous avions discuté le mot de Jésus : « Un bon arbre porte de bons fruits. » Ils m'ont dit : « On nous parle surtout de nos sottises et de nos défauts. On ne nous dit pas que nous portons de bons fruits. »

La semaine suivante, Jean-Yves m'a offert ce poème :

Viens manger à mon arbre

Quand tu es triste,
Viens manger mes sourires.
Quand la vie t'a griffé,
Viens manger mes pommes douces.
Quand tu te sens trop seul,
Viens manger mes journaux et mes disques.
Nous sommes tous de bons arbres,
Nous portons de bons fruits.
J'irai aussi manger à ton arbre,
J'irai cueillir tes pardons,
J'irai chercher des mots sur Jésus.
Comme celui-ci, qui me fait tant plaisir :
« Vous êtes de bons arbres
et vous portez de bons fruits. »

« *La confession, ça ne change rien !* »

Lorsqu'on va se confesser, et plus encore quand on en revient, on devrait penser davantage à la joie de Dieu. Pourquoi est-il joyeux ? Parce qu'il nous voit plus vivants que jamais.

Quelle vie, après cette réconciliation ? Pas l'oubli immédiat, comme s'il ne s'était rien passé. Nous venons de recevoir une grâce qui doit nous travailler. Sinon, c'est vrai, nos confessions ne changeront pas grand-chose.

Surtout ne pas s'attarder dans le dépit et une tristesse orgueilleuse : « J'en suis encore là ! » La confession à l'ancienne nous maintenait peut-être trop dans un passé décourageant, l'actuelle réconciliation nous place devant un avenir de combat et de possibles progrès. Puisque Dieu est heureux de nous revoir plus vivants, c'est dans cette joie que nous devons rester.

Mais sans vivoter ! Sans se résigner à rester médiocre. « En fait, me disait un ami sceptique et moqueur, tu vas raconter tes petites histoires et tu recommences. »

Peut-être, mais avec le désir de progresser. Grande grâce de ce sacrement, grâce de redémarrage. Sans forfanterie mais avec détermination. Oui, je suis faible, oui, je retomberai. Mais il y a maintenant un « plus » : je veux progresser.

Les confessions ne changent rien ? Oh ! si. « Fils, tu étais mort, je veux te retrouver plus vivant que jamais. »

Les questions de Karine

— Qu'est-ce que c'est, le stress ?

— Le sentiment très pénible d'être bloqué. Ce qu'éprouve un monsieur immobilisé dans un embouteillage. Il est 16 heures et il a un rendez-vous capital à 17 heures.

— Il ferait mieux d'en rire.

— Justement, le stress, c'est quand on ne peut pas rire des désagréments de la vie parce qu'on ne peut plus y faire face. Grand refrain : je n'y arriverai pas ! Ça finit par tourner à l'angoisse, à la fatigue chronique aggravée par des insomnies.

— Même les jeunes peuvent être stressés ?

— Oui. Par exemple quand ça ne va plus avec les parents à cause des insuccès scolaires ou quand les parents se disputent de plus en plus entre eux.

— C'est toujours la faute des parents quand des jeunes sont stressés ?

— Non, ça dépend beaucoup du caractère de chaque jeune, plus ou moins pessimiste ou faible.

— Comment se faire un caractère fort ?

— D'abord, s'enfoncer dans le crâne la conviction qu'il n'y a pas de situation complètement bloquée, pas d'échec irrémédiable. Avec le temps, tout finit par s'arranger. Le deuxième remède, c'est de parler. Trouver quelqu'un à qui parler. Ça clarifie souvent, et parfois on tombe sur un bon conseil. Malheureusement, les stressés s'enferment dans le silence. On dit trop que le silence est d'or.

— C'est pas vrai ?

— Ça dépend des cas. Pouvoir s'expliquer un bon coup peut désamorcer un début de stress. C'est très fraternel, tu sais, de savoir écouter quelqu'un qui est stressé.

140

Pensées sur l'amour

Aimer, c'est sortir de son pays pour entrer dans le pays de l'autre.

Avoir devant soi un tout autre, porteur de tant de choses que nous allons connaître, c'est assez extraordinaire.

Aimer, ce n'est pas ne pas avoir de conflits, c'est être capable de les vivre ensemble.

Rester dans l'amour? Peut-être en très grande pauvreté d'amour, mais dans un tenace choix d'aimer qui est encore de l'amour.

Quand j'aime, le temps devient de l'or. Quand je n'aime pas, le temps tombe en poussière grise.

Ne pas partir en montgolfière vers les beaux ciels de la charité fraternelle idéale. Accepter d'avoir une vie fraternelle difficile.

Gâcher un dialogue, c'est gaspiller de l'amour.

Une dame à l'hôpital : « Avant, je me disais : avec quelle autre malade je vais me retrouver ? Maintenant je me dis : de toute façon, avec quelqu'un à aimer. »

« Tu ne veux pas être à l'étroit ? Habite dans l'amour » (saint Augustin).

La curiosité est le premier visage de l'amour.

« Aimer son prochain, ce n'est pas toujours facile ! Il y avait une fille que je n'aimais pas beaucoup. Maintenant, je ne l'adore pas, mais on arrive à discuter sans s'envoyer balader. Essayez, je vous jure que ça rend heureux » (Florence, dans *À l'écoute*).

« S'aimer à tort et à travers »

Il y a vingt ans, en rentrant chez lui, le chanteur belge Julos Beaucarne découvre sa femme, Louise, tuée à coups de couteau par un homme qu'ils avaient recueilli et employaient. La réaction de Julos est si bouleversante qu'elle est devenue une des plus hautes méditations sur le pardon.

« Amis,

Ma Loulou est partie vers le pays de l'envers du décor – un homme lui a donné neuf coups de poignard.

C'est la société qui est malade. Il nous faut la remettre d'aplomb et d'équerre, par l'amour, l'amitié et la persuasion.

C'est l'histoire de mon petit amour à moi arrêté sur le seuil de ses trente-deux ans. Ne perdons pas courage, ni vous ni moi.

Je vais continuer ma vie et mes voyages avec ce poids à porter en plus et mes deux chéris qui lui ressemblent. Sans vouloir vous commander, je vous demande d'aimer beaucoup, plus que jamais, ceux qui vous sont proches.

Ce monde est une triste boutique.

Les cœurs purs doivent se mettre ensemble. Pour l'embellir, il faut reboiser l'âme humaine. Je resterai un jardinier. Je cultiverai mes plantes de langage. À travers mes dires vous retrouverez ma bien-aimée. Il n'est de vrai que l'amitié et l'amour.

Je suis maintenant très loin au fond du panier de tristesse. Chacun, dit-on, doit manger son sac de charbon pour aller au paradis. Ah ! j'aimerais bien qu'il y ait un paradis. Comme ce serait doux, les retrouvailles.

En attendant, à vous autres, mes amis d'ici-bas, face à ce qui m'arrive, je prends la liberté, moi qui ne suis qu'un histrion, qu'un batteur de planches, qu'un comédien qui fait du rêve avec du vent, je prends la liberté de vous écrire pour vous dire ce à quoi je pense aujourd'hui :

Je pense de toutes mes forces qu'il faut s'aimer à tort et à travers.

Julos »

L'unidivers

« Dieu a créé et aime l'unidivers, c'est-à-dire l'unique avec diversité et le divers avec unité » (saint François de Sales, *Traité de l'amour de Dieu*, II, 2).

Bien sûr, j'ai lu et écouté ce qu'on disait à propos du clonage d'une brebis. Je partage les inquiétudes et l'espoir (assez mince) qu'on ne touchera pas à l'homme. Ma révolte vient de loin, d'un reportage sur des roses produites à l'identique. Un fleuriste saluait cela comme un grand progrès. J'y vois la négation de la création, chef-d'œuvre d'unidivers. Pas une fleur semblable à une autre, pas un visage semblable à un autre.

Ce qui m'a toujours déplu dans les grands défilés militaires genre Nuremberg ou la Chine, c'est, vu de loin, la vision de clones. Peut-être un fou pensera-t-il un jour à se faire de cette façon une armée ?

L'alerte au clonage nous aura au moins vaccinés contre tout dressage à l'identique et contre toute religion qui ne peut supporter les différences.

Les questions de Karine

Karine me parle avec enthousiasme de son copain Ludo. Il semble en effet avoir beaucoup de qualités, mais il n'est pas croyant.

— Pourquoi, me demande Karine, j'ai la foi, et pas Ludo?

— C'est une question très théorique qui ne mène pas à grand-chose. Elle détourne de deux problèmes plus utiles à travailler. D'abord, que fais-tu, toi, Karine, pour la foi? Et ensuite, que penses-tu faire pour Ludo?

— Qu'est-ce que je fais pour ma foi? Je crois que je la cultive par des questions. À vous, à ma mère qui lit des choses intéressantes sur la religion. Je ne sais plus qui m'a donné une vraie dévotion pour le Credo du dimanche. J'en fais un acte de foi bien conscient. Qu'est-ce que je pense faire pour que Ludo devienne croyant? C'est justement pour ça que je suis venue vous voir. J'ai bien essayé de lui parler de religion, mais je vois que je l'ennuie. Il est très dur pour ceux qu'il appelle les cathos. Il me dit que Guy triche, que Marina est une mauvaise langue, etc. «C'est ça, tes cathos? Ça ne me fait pas envie.»

— Il te met en garde, il te montre le bon chemin. Ce que tu es sera toujours plus important pour lui que ce que tu voudrais lui dire sur Jésus ou sur la messe. Un aumônier d'hôpital me racontait qu'il avait offert un évangile à un jeune atteint du sida. Le jeune a refusé: «Votre bouquin ne m'intéresse pas.» L'aumônier est revenu. Ils ont lié amitié. Un jour, le jeune lui dit: «Si c'est ce bouquin qui vous a fait ce que vous êtes, passez-le-moi.»

Radio-Martine

Chacun de nous est un poste émetteur. De radio et même de télé par toutes les expressions de notre visage.

Certains sont des radios de bienveillance et d'espoir. D'autres émettent trop de pessimisme.

Quel poste sommes-nous? Sans doute un mélange d'informations roses et d'informations noires. Il faut voir ce qui domine. Après nous avoir écouté, les gens sont-ils requinqués ou découragés? Disent-ils: «J'aime bien Radio-Sylviane, mais Radio-Harry, c'est du cafard garanti»?

Vous me direz que les gens sont ce qu'ils sont. Écoutons les bonnes radios et laissons tomber les autres.

Non. Il faut essayer d'améliorer ceux qui font fuir le soleil dès qu'ils ouvrent la bouche. Martine, par exemple, était vraiment une radio-cafard: ne parlant que des ménages qui craquent, des gens à l'hôpital, et d'elle-même avec ses migraines, ses varices, ses problèmes digestifs.

Un jour, elle m'a dit: «Je sens qu'on me lâche.» J'ai pris mon courage à deux mains: «Tu nous déprimes.»

Elle a été si surprise que j'ai compris à quel point nous écoutons peu notre radio. Nous croyons intéresser et nous accablons nos auditeurs.

J'ai essayé d'alerter Martine. «Tu es cultivée, tu sors beaucoup et tu lis, tu aurais des tas de choses vraiment intéressantes à raconter. Essaie, tu verras qu'on te recherchera beaucoup plus.»

Ne vivons pas avec un « Si »

Quand Raoul me parle de sa femme, il m'explique sans arrêt comment il la voudrait : « Si Gladys était plus ordonnée, plus ponctuelle », si, si, si… Un jour, je n'ai pu m'empêcher de lui dire : « Raoul, tu ne vis pas avec une femme, tu vis avec un Si. »

Sa réplique m'a suffoqué : « Mais toi aussi, tu vis avec un Si. Quand tu parles de ton chef de service, tu es toujours en train de dire : s'il était moins maniaque et moins sûr de lui, s'il ne cassait pas toutes mes initiatives… »

Bien entendu, je suis resté songeur. Puis je me suis mis à guetter tous les gens qui vivent avec un Si. Il y en a beaucoup.

C'est pourtant tellement vain de vouloir recréer les autres selon nos goûts. On finit par vivre avec des personnages mythiques, on ne voit plus les gens bien réels avec lesquels nous pourrions peut-être améliorer les relations.

Ce fameux chef de service que je voudrais autrement m'irritera peut-être moins le jour où, le prenant tel qu'il est, j'approfondirai davantage sa personnalité.

Sans rêver de le changer ? Difficile. Mais au moins en l'aidant mieux à être lui-même dans ce qu'il a de meilleur. C'est particulièrement important pour le conjoint ou pour les enfants.

Je connais Gladys, la femme de Raoul. Elle a des qualités que Raoul ne voit plus à force de la rêver autrement. En fait, il la paralyse, il la mutile, et il n'est pas heureux.

Pourquoi cette rage de vouloir le bien des autres, non dans leur ligne mais dans la nôtre ? Nous prenons-nous pour un modèle ?

La meilleure démarche quand je veux aimer, ou tout simplement mieux supporter quelqu'un, c'est d'essayer de bien le connaître. Si X est « comme ça », il faut partir de là.

Ah ! ces journalistes !

Une fois de plus, Kévin a attaqué « les » journalistes. Cette généralisation déjà m'exaspère. Mais, comme il est fin et beau parleur, il finit par me donner des complexes. Est-ce que j'ai engagé ma vie dans un mauvais métier ?

C'est un fait, un journaliste risque de faire du mal. Quand on nous formait, on nous mettait en garde contre l'incompétence, la paresse devant les vérifications, la tentation de se faire acheter, la mauvaise joie de dénigrer ou d'inquiéter.

Mais on nous montrait aussi la grandeur de ce métier. « Le journalisme, disait un de nos maîtres, est un pacte permanent de charité fraternelle. Nous faisons de la nourriture spirituelle comme le boulanger fait du pain. »

Nourriture spirituelle ? Oui, quand nous offrons chaque jour un peu de vérité. C'est pourtant là qu'on nous attaque le plus sans tenir compte de l'écriture à chaud. Nous n'avons que la vérité du moment et nous rédigeons en hâte, souvent dans l'énervement et le bruit. Quel écrivain, quel spécialiste auraient le courage de se battre pour la vérité dans de telles conditions ? La vérité journalistique est parfois faussée pour de très mauvaises raisons. Mais elle est surtout rendue fragile par cela même qui fait son prix : l'immédiateté, le scoop.

Nourriture spirituelle ? Quand nous facilitons le savoir chez les plus pauvres en culture et en temps.

Nourriture spirituelle ? Quand nous servons la fraternité en révélant le mieux possible les situations et les hommes. En expliquant un conflit, en donnant les raisons d'une grève. Un journaliste peut attiser la haine, dresser ses lecteurs contre une personnalité ou un groupe d'hommes. Mais le journalisme qui aura passionné ma vie avait toujours pour but de donner envie d'aimer.

« Qu'est-ce qui est bon pour toi ? »

Je veux t'aimer. Pourquoi ces élans meurent-ils ? Pourquoi sont-ils si vite effrités, et parfois cassés par un mauvais dialogue ?

Peut-être parce qu'ils exigent deux regards, et je ne pense qu'à un seul : qui vais-je aimer ? Qui es-tu, toi que je veux aimer ?

Cette chose si difficile, aimer et durer dans l'amour, demande un autre regard, un regard sur nous : qui suis-je, moi, en ce moment ? Moi qui voudrais tellement t'aimer ?

Si je ne suis pas bien dans ma peau, c'est d'abord de cela que je dois me soucier.

Nos insatisfactions font très vite barrage. Il faudrait que dans notre tête et dans notre cœur il n'y ait au cours des dialogues qu'un seul souci.

— Qu'est-ce que tu as dans la tête ?
— Rien.
— Rien ?
— Rien que toi.

Aimer exige ce désert où pourra fleurir la vraie fleur d'amour, l'intérêt total pour un autre. Alors on pose les bonnes questions. Pas : « Qu'est-ce que je peux faire pour toi ? », nous serions encore trop plein de nous-même. Mais : « Qu'est-ce qui est bon pour toi ? »

148

Drôle de compagne !

Dans la revue l'*Écho trimestriel* de l'association France-Parkinson, une interview imaginaire met en scène un malade qui souffre depuis seize ans et un enquêteur qui veut savoir comment on peut vivre avec ce handicap. L'enquêteur est surpris par l'activité du parkinsonien.

– Finalement, vous vivez assez bien avec votre maladie ?

– C'est une compagne sévère qui me rappelle parfois durement à la réalité. Mais vous ? Quel moteur vous incite à vous dépasser ? Comment faites-vous pour vivre sans la maladie de Parkinson ?

Sous l'humour on voit surgir une manière neuve de vivre la maladie chronique. Il s'agit bien d'une compagne, grande différence avec la maladie épisodique. Jusqu'à la mort il faudra vivre avec elle. Dans un autre article du journal un jeune psychologue parkinsonien affirme que la maladie chronique exige une autre conception de la vie.

Le «patient», dit-il, doit devenir un patient «actif», un patient «exceptionnel» capable de relever le défi : il faut que je vive désormais et jusqu'au bout en donnant une place à ma maladie, mais pas toute la place. En acceptant que des portes soient fermées, mais en cherchant des portes nouvelles à ouvrir.

Le malade parkinsonien doit se préparer à une expédition dans une région inconnue, faire un effort constant pour se surpasser tout en suivant son traitement. J'ai rencontré un malade de cinquante-cinq ans peu atteint, mais qui avait perdu tout goût de vivre, et un jeune homme beaucoup plus handicapé, mais plein de courage et de vitalité. Notre joie de vivre dépend de la façon dont nous nous situons par rapport à la maladie. Tout change quand on accepte la nouvelle donne, on commence alors à chercher des potentialités jusque-là inconnues.

« *Seigneur, tu es là et tu m'aimes* »

Le petit livre de Pierre Maghin, *La louange, chemin de vie et de vérité*[1], me redonne envie de vivre dans la louange.

C'est simple et lumineux quand tout va bien, mais dès que le ciel s'assombrit pour des raisons de santé ou d'entourage, il faut beaucoup de foi pour dire quand même : « Seigneur, tu es là et tu m'aimes, je te bénis. »

Il s'agit d'une foi très spéciale. Croire que Dieu n'est jamais étranger à ce que nous vivons, même ce qui nous apparaît comme insignifiant ou révoltant.

La foi qui permet la louange concerne l'action de Dieu, selon son dessein d'amour inlassable et puissant. C'est parfois difficile à croire et pourtant Dieu est là, capable de toujours faire de la vie avec de la mort.

Jésus sur la croix est la plus puissante vie naissant de la plus horrible mort. Depuis cette transformation de la mort en vie, tout dans le monde et dans ma vie me montrerait Dieu à l'œuvre si j'avais assez de foi. Parler de l'absence de Dieu est un aveuglement que seul un surcroît de foi peut guérir.

Nous entendons alors la voix profonde et douce : accueille ce moment présent tel qu'il est, c'est moi qui te le donne. Vis cet instant avec moi. Je conduis toute chose, même ce que tu trouves le plus négatif. Je suis là, tu n'as jamais à te battre tout seul. Ton combat, c'est le mien. Quand tu arriveras à croire cela, tu pourras mieux vivre.

---

1. Desclée de Brouwer.

L'ambitieuse

À midi, grande discussion sur Thérèse de Lisieux. « Qu'est-ce que c'est cette histoire de doctorat ? Elle doit rigoler, là-haut ! »

Docteur de l'Église ? Cela veut dire que non seulement elle est sainte, mais qu'elle peut *enseigner* les chemins de la sainteté.

Parmi les docteurs elle sera un cas très spécial. D'abord parce qu'elle a tout appris sur le tas, pas dans les livres de théologie, à la seule école de ses réflexions et de ses méditations, avec un peu de Bible et beaucoup de saint Jean de la Croix.

La deuxième raison qui la met à part, c'est l'invention du chemin de sainteté qu'elle a appelé sa « petite voie », accessible à tous.

Mais là on s'est fait un peu illusion, beaucoup ont cru que c'était un chemin facile, alors que c'est un chemin très difficile, mais *possible*. Le doctorat de Thérèse est tout entier dans cet enseignement d'une sainteté possible. Thérèse s'est évidemment heurtée à l'impossibilité de devenir un saint, mais avec une logique imbattable elle se disait : si Dieu me donne de si grands désirs de sainteté, il doit me donner aussi le moyen de les réaliser. Elle a farouchement cherché, elle a trouvé et elle a dit : Chiche ! Puisque Dieu me montre une voie, je vais la suivre !

Son *eurêka* c'est l'acceptation même de l'impuissance à faire une telle ascension. « Je suis trop petite ! » Mais la petite n'en démord pas. Durant un voyage à Rome, elle s'était extasiée devant les ascenseurs des grands hôtels. Elle chercha un ascenseur spirituel. Elle le trouva dans des extraits de la Bible. « Si quelqu'un est tout petit, qu'il vienne à moi » (Proverbes 9, 4). Et : « Comme une mère caresse son enfant, ainsi je vous consolerai, je vous porterai sur mon sein, je vous balancerai sur mes genoux » (Isaïe 66, 12-13). Fulguration ! « L'ascenseur qui doit m'élever jusqu'au ciel, ce sera vos bras, Ô Jésus. » Autrement dit, c'est Dieu lui-même qui doit la hisser sur les sommets, pourvu qu'elle reste petite.

L'ambitieuse a trouvé sa voie : l'humilité la plus radicale donnant toujours la main à la confiance la plus folle.

151

La petite Thérèse est la géante de la confiance

Thérèse a trouvé la formule de la sainteté pour tous : plus on descend dans l'humilité, plus on monte vers Dieu. Ou plutôt il nous monte jusqu'à lui.

Mais avec Thérèse il ne faut jamais oublier que le possible est très difficile. On se dit : « Être humble ? Bon, je me lance ! » Mais quand on voit la propre humilité de Thérèse et quand on écoute les conseils qu'elle donnait à ses novices, on comprend que cette humilité doit descendre vertigineusement bas et être pratiquée sans arrêt.

Pas avec nos propres forces : il faut sans cesse la demander à Dieu en étant sûr qu'il va nous la donner. Cet élan de confiance est la pièce maîtresse de la spiritualité de Thérèse et pourtant il est curieusement négligé. Est-ce si difficile de tout demander à Dieu, de ne jamais essayer de se battre loin de lui ?

Par exemple, nous répétons distraitement le grand commandement de Jésus : « Aimez-vous comme je vous ai aimés. » Thérèse prend cet ordre avec un puissant réalisme : « Alors, Jésus, donne-moi ton amour. C'est seulement avec ton amour dans mon cœur que je vais pouvoir aimer comme tu veux que j'aime. »

Elle est déçue de voir que sa sœur Marie a du mal à se jeter dans la demande confiante : « Que je voudrais vous faire comprendre ce que je sais ! C'est la confiance et rien que la confiance qui doit nous conduire à l'Amour. »

Si les Thérèse de Lisieux ne se sont pas levées par milliers, c'est que dans sa voie très ordinaire la confiance en Dieu doit être extraordinaire. La petite Thérèse est la géante de la confiance.

Elle a osé

Enfermée dans son carmel, que pouvait faire Thérèse de Lisieux ? « Des petits riens », dit-elle avec beaucoup de lucidité. Mais est-ce avec cela qu'on arrive à la sainteté ?

Oui, si on ne cale jamais, si on ne laisse passer aucune occasion d'accomplir parfaitement tous les petits riens que l'on doit faire.

« Elles sont rares, soupire Thérèse, à la fin de sa vie, les âmes qui font tout le mieux possible. » Dans son livre *La petite sainte Thérèse*, Maxence Van der Meersch essaie de montrer la grandeur des petits riens :

« Voyons bien jusqu'où peut mener cette simple décision d'être chrétien en tout, d'accomplir en chrétien chaque geste, jusqu'au plus humble, jusqu'au plus banal, de notre vie quotidienne. Essayons de vivre cela une seule journée. Nous verrons avec saisissement qu'il y a là à notre portée un monde nouveau à explorer, une prodigieuse descente aux enfers d'égoïsme et d'orgueil que nous portons en nous. Une immense bataille à engager. Nous sentirons si clairement la nécessité d'aller jusqu'au bout et nous comprendrons si clairement ce que "jusqu'au bout" veut dire que nous resterons probablement au seuil terrible du Royaume de Dieu, sans oser aller plus loin, désespérés de n'avoir pas le courage de risquer ; Or, cela, c'est l'épopée de Thérèse. Elle a osé. »

Dans deux domaines elle décrit cette épopée des petits riens : la vie fraternelle et les souffrances de sa longue agonie. On n'est jamais allé aussi loin dans la pratique de la charité fraternelle, à tout instant et avec tous.

En gardant toujours le style de la petite voie, on fait ce qu'on peut, et si on n'y arrive pas on recourt à Dieu, mais toujours, on « essaie », un des maîtres mots de l'enseignement de Thérèse. Son génie, c'est d'avoir exploité l'héroïsme en pleine vie modeste. Elle est docteur en sainteté pour n'importe quelle existence que nous avons à mener.

La parabole du salut

Des myriades d'oiseaux volaient
sous un filet tendu
au-dessus du sol.
Sans cesse ils s'envolaient,
heurtaient le filet
et retombaient à terre.
Le spectacle était
accablant de tristesse.
Mais un oiseau s'élança à son tour,
il s'obstina à lutter
contre le filet
et soudain,
blessé, couvert de sang,
il le rompit
et s'élança vers l'azur.
Ce fut un cri strident parmi
tout le peuple
des oiseaux et,
dans un bruissement d'ailes
innombrables,
ils se précipitèrent
par la brèche,
vers l'espace infini.

Tout Fils qu'il était, le Christ apprit par ses souffrances l'obéissance et, conduit jusqu'à son propre accomplissement, il devint pour tous ceux qui lui obéissent cause de salut éternel (Lettre aux Hébreux 5, 8-9).

Un beau titre de journal

Un magazine pour les seniors s'appelait *Le temps retrouvé*. En avril 1997 il est devenu *Pleine vie*. C'est un bien beau programme.

L'ancien titre, *Le temps retrouvé*, marquait trop la nostalgie du temps perdu. Quand on vieillit, on a tendance à évoquer ce qu'on a vécu, on cherche à continuer les mêmes activités, à accomplir les mêmes performances.

C'est vite la déception et le regret. « Tu te rends compte, me disait un vieil ami, j'ai fait six fois le mont Blanc, et je deviens incapable de parcourir cent mètres ! »

Pendant qu'on regarde ainsi en arrière, on profite mal du temps qui nous est encore offert. Quand on nous dit : « Comme vous faites jeune ! », cela nous maintient dans l'idée qu'il faut durer sans changer, se cramponner à ce qui fut, alors que notre âge nous demande plutôt d'exploiter ce qui est et de rêver à ce qui sera.

Pour un croyant, « ce qui sera » est extraordinaire. Être enfin présenté à Dieu et tout comprendre. Michel Serrault pense que, lorsqu'il arrivera là-haut, Dieu va lui dire : « Michel, ne t'énerve pas, je vais tout t'expliquer. »

En attendant, ce que nous devons continuer, ce n'est pas la vie d'hier, mais une vie à inventer, une vie pleine de ruse et d'amour. Ruse pour bien mener deux combats difficiles. Avec une santé qui se délabre et qui risque de devenir obsédante. Les médicaments, les conversations sur ce sujet, les appréhensions quand surgit un problème. Ruser avec tout cela, c'est exploiter au maximum les moments heureux, quand on va bien, quand on peut faire quelque chose. Il faut savourer au maximum ces interstices entre les soucis de santé.

Ruser aussi avec la menace de solitude. Des aimés meurent, des amis s'éloignent, les jeunes fuient ces anciens qui sont grognons, pessimistes et bavards. La ruse ici consiste à bien vérifier le moment critique où on va devenir ennuyeux.

Le mieux est de jouer sur l'amour, plénitude pour nous et pour ceux qui nous entourent, jeunes et vieux. Nous sommes entrés dans une vie où rien ne peut nous empêcher d'aimer. La « pleine vie » est là, à portée de main. Si dès le réveil notre premier effort est une pensée d'amour.

155

Une conscience

À midi, en parlant de Jérôme, une secrétaire a eu un cri du cœur : «Celui-là, c'est une conscience!»

Nous avons beaucoup discuté sur ce compliment. Qu'est-ce que c'est, une conscience? Pourquoi Jérôme est-il une conscience?

— D'abord, disait Jacqueline, c'est un homme absolument incapable de mentir, même pour de petites choses, je trouve ça formidable.

— Et puis, ajoute Patrick, c'est un roc. Comme tout le monde, il est menacé par le fric et le sexe. On voit bien qu'il n'est pas au-dessus de tout ça, et parfois on se demande comment il va réagir. Il résiste. C'est ça, pour moi, une conscience. Un résistant. Je l'ai entendu dire : «Tout le monde le fait? Et alors? Si c'est bien, d'accord, si c'est mal, même si tout le monde le fait, je ne marche pas.»

— Bravo, dit Denise, mais comment savoir si c'est bien ou si c'est mal? On entend tout, maintenant, on discute tout. Qui peut dire : ça, c'est mal? Pour moi, une conscience, je la verrais comme le pouvoir extraordinaire de discerner ce qui est mal et ce qui est bien. Il me semble que Jérôme a ce don.

— Il y a peut-être une part de don, dit Jacqueline, mais chez Jérôme on sent aussi un effort pour approfondir les questions. Je suis étonnée de voir comment il rectifie son jugement si on lui montre qu'il se trompe.

— Il est ferme et il est souple, dit Patrick, c'est ça que j'admire le plus. Il n'a qu'un culte, la vérité.

156

Regarde-moi !

«Jésus le regarda et se prit à l'aimer» (Marc 10, 21). Jésus, comment me regardes-tu en ce moment?

Question transformante. Partout, à n'importe quel moment, je puis sortir de mon oubli de Jésus et refaire la proximité : comment me regardes-tu en ce moment?

J'ai tout l'Évangile pour savoir comment il nous regarde ; quand nous avons envie d'être meilleur, quand nous nous sentons trop seul ; quand nous souffrons.

Mais aussi quand nous sommes découragé, sans goût, sans foi.

Quand nous sommes dur envers quelqu'un. Médisant, méprisant, envieux.

Il me regarde, pas fier de moi, triste.

Prêt à se détourner de moi? À m'oublier? Non, il ne serait pas le Jésus de l'Évangile. Il cherche toujours la brebis qui se perd, il guette toujours le retour du prodigue.

Il ne détourne pas son regard d'amour de moi. Moi seul coupe le courant.

Ce courant qu'on appelle la grâce. L'offre de présence : «Je suis là.» L'offre de lumière : «Celui qui me suit ne marche pas dans les ténèbres.» L'offre de force : «Ma grâce te suffit.»

Pourquoi rester seul quand je peux être avec lui rien qu'en pensant à son regard?

La Providence

Quand je veux penser à la Providence, deux images me viennent à l'esprit. La question du jeune Isaac à son père, Abraham : «Père, il n'y a pas de victime pour le sacrifice ? – Dieu y pourvoira, mon fils. »

L'autre image, c'est la joie de Françoise, jeune maman qui était allée au supermarché : «Grâce à Dieu j'ai trouvé une place de parking ! »

Beaucoup vont sourire. Mais l'héroïque acte de foi d'Abraham et la candide gratitude de Françoise sont du même ordre. Croire en la Providence, c'est croire que nous sommes aimés. La jeune juive Etty Hillesum le disait autrement à Auschwitz, le lieu le plus difficile pour croire à la Providence : «Seigneur, on n'est jamais sous les griffes de personne tant qu'on est dans tes bras. »

Etty a écrit cela au moment où, libérée intérieurement des angoisses d'un futur pourtant terrible, elle a pu se donner à l'aide fraternelle.

La clé de la vie dans la foi en la Providence est là : il s'agit de vivre avec Dieu, et donc de se donner à nos frères, sans chercher à démêler la part de Dieu et notre part : toutes nos actions sont des actions conjointes. Peut-être dans, et surtout après, l'action aurons-nous une lumière sur la part de Dieu, mais de toute façon ce qui compte c'est de marcher avec lui en restant sûr qu'il nous aime.

Nous sommes aimés. Excessivement aimés. Et notre réponse devrait être excessive. Mais, comme nous ne pouvons pas répondre avec autant d'amour, essayons de pousser l'excès du côté de notre foi.

La Providence est essentiellement un mystère de foi. Ceux qui ne veulent pas ou ne peuvent plus y croire à cause de trop de malheurs («Si Dieu était bon, s'il était puissant !... ») n'osent pas se livrer à la foi.

Pensées sur la Providence

Dieu y pourvoira (Abraham à son fils Isaac qui demande : Où est la brebis pour l'holocauste ? – Genèse 22, 8).

«Tout concourt au bien de ceux qui aiment Dieu» (Romains 8, 28).

«Décharge-toi de ton souci sur le Seigneur» (Psaume 55, 23).

«Qu'est-ce que l'homme pour que tu en prennes tant souci?» (Psaume 8, 5).

Le Dieu de l'Exode : «Je serai avec toi.»
Jésus : «Je suis là.»

«Confie-toi à Dieu comme si tout dépendait de toi, rien de Dieu, mais agis comme si tout dépendait de Dieu, rien de toi» (Ignace de Loyola, mais c'est une règle d'action, pas une sentence théologique).

«C'est dans l'épreuve qu'on voit qui est le fils et qui est l'esclave» (Tauler).

«La foi est une intimité avec Dieu telle que mon agir et le sien ne font qu'un» (P. François Euvé).

Les questions de Karine

— Il y a un mot qui m'agace : le « salut ». Qu'est-ce que ça veut dire ? C'est mis à toutes les sauces : le dessein du salut, Jésus sauveur, ta foi t'a sauvée... Sauvée de quoi ? Je ne me sens pas perdue.

— Remplace « salut » par « bonheur ». Tous cherchent le bonheur, et on rencontre le malheur. L'idée de salut, c'est très très ambitieux. On voudrait que tout le monde soit heureux, pleinement heureux, éternellement heureux.

— Des mots !

— Ils disent le rêve de Dieu pour nous. C'est cela qu'on appelle son dessein de salut. Il nous a créés par amour et donc pour que nous soyons heureux.

— Qu'est-ce qu'il y a comme ratages !

— Parce qu'il est allé au bout de ses possibilités de créateur en plaçant en face de lui des êtres libres. Des êtres capables de dire oui à ses projets de bonheur pour eux et qui disent souvent non.

— C'est le péché ?

— Oui, et toujours la même question du bonheur. L'homme qui boit, qui viole une petite fille, le garçon qui se drogue, le patron injuste, tous cherchent le bonheur à leur façon, mais ils se trompent.

— Dieu devrait mieux les avertir.

— Il le fait. Ah ! si vous m'écoutiez ! répète-t-il souvent par les prophètes. Finalement, il a même envoyé son Fils. « Je vous annonce une grande joie, a-t-il dit à Noël, aujourd'hui vous est né un Sauveur. »

— Comment Jésus nous sauve-t-il ?

— Sa mort-résurrection, qui est la plus grande victoire de l'amour, donne à tous les hommes la possibilité d'aimer, c'est-à-dire de vraiment vivre, puisque nous sommes faits pour cela.

— Nous n'aimons pas toujours ?

— Non, hélas ! Mais si nous le voulons, nous pouvons toujours aimer. C'est une possibilité fantastique. Jésus nous a sauvés et il nous sauve en nous ouvrant les portes de l'amour.

Nous devenons des passoires

À table, discussion sur la mémoire. Odile voulait nous parler du dernier livre qu'elle venait de lire et elle n'arrivait pas à nous dire le titre et l'auteur : « Je perds la mémoire ! »

— Tu crois que c'est une question de mémoire ? lui a demandé Gilbert.

— Ben oui !

— La mémoire a bon dos. Mais quand une jeune comme toi dit : « Je perds la mémoire », elle ferait mieux de dire : « Je deviens une passoire ». Jeunes et vieux, nous devenons tous des passoires. Nous lisons, nous regardons la télé, nous écoutons des gens, mais nous retenons de moins en moins ce que nous avons reçu. Mémoire ? C'est possible en vieillissant. Mais je vois que mes enfants ne peuvent rien me dire sur le film « supergénial » qu'ils viennent de voir. Ou sur ce qu'ils ont vécu dans la journée. J'ai d'abord cru que mes questions les agaçaient. Non, ils n'ont rien à me dire parce qu'il ne leur est rien resté.

— C'est ça, ta passoire ?

— Oui, mais il ne faut pas en dire que du mal, c'est un bon instrument de tri, quand elle est assez fine pour garder le plus utile. Tout dépend de notre puissance d'attention. Force d'écouter, courage de prendre quelques notes, habitude de préciser ou de faire préciser. C'est comme cela qu'on acquiert une certaine personnalité.

— La passoire est bonne quand elle est active ?

— Oui, c'est notre activité d'esprit qui est malade parfois, pas notre mémoire.

161

« *Tout le temps* »

Le P. Caffarel raconte qu'une petite fille dit à sa maman, juste avant la confirmation :
— Maman, je crois que je l'ai déjà reçu.
— Quoi donc, ma chérie ?
— L'Esprit saint.
— Qu'est-ce qui te fait penser cela ?
— J'ai tout le temps envie de bien faire.

« Tout le temps ! » Avoir envie de bien faire de temps en temps, quoi de plus commun ? Mais nous sommes tellement changeants que se maintenir dans ces bonnes dispositions modifierait totalement notre vie. La petite fille avait raison d'y voir quelque chose d'extraordinaire : c'est la marque propre de l'Esprit.

On ne peut imaginer une Marie d'humeur changeante, qui n'aurait pas eu « tout le temps » envie de bien faire. On pense aussi au vœu du plus parfait : promettre de faire tout ce qui est le meilleur.

Ça fait peur. Et pourtant, nous sommes là devant l'authentique relation à l'Esprit saint. Le côté capricieux de nos vies ne dépend pas de lui, mais de nous, il nous donne « tout le temps » envie de bien faire.

Pourquoi n'allons-nous pas jusqu'au bout de cette envie ? Le jour de Pentecôte, saint Paul nous dit : « L'Esprit nous fait vivre, laissons-nous conduire par l'Esprit. » De loin, c'est très sympathique. Mais de près ?

Ça exigerait de rester « tout le temps » à l'écoute. Une écoute fine, l'Esprit est d'une infinie discrétion. On est au bord d'un conseil à peine murmuré, à cette frontière où l'Esprit veut nous éclairer sans peser.

Et puis, cela exige la promptitude. Que d'impulsions de l'Esprit se perdent parce qu'on lambine !

La parole main ouverte

«Un maître qui dit tout n'est pas un bon maître. L'enfant aime savoir, mais aussi découvrir. Dire assez pour guider les recherches; dire trop les rendrait inutiles. L'impatience d'aboutir fait parler, l'intérêt de l'élève fait se taire.

Il y a la parole archet qui plaît à tout le monde, mais ne fait changer personne.

Il y a la parole coup de poing, elle fait naître des sentiments contraires à ceux qu'elle voulait provoquer.

Il y a la parole main ouverte pour vraiment donner.»

Cardinal Saliège
Menus propos, Éd. L'Équipe

163

« Ne laissez pas couler le robinet »

Généralement, les « distractions » se rapportent à la prière. Et si elles se rapportaient aussi à tout ce qu'on est en train de vivre ? Travail, rencontre fraternelle, tendresse, beauté. Quand nous vivons trop distraitement, nous gaspillons ces richesses.

Appel à la tension ? Je ne crois pas. C'est plutôt un appel à ne pas laisser couler la vie. Une maman me disait qu'elle devait souvent rappeler à ses enfants qu'il ne faut pas laisser couler inutilement l'eau d'un robinet. « Pourquoi, maman, a demandé Patrick, puisqu'on en a tant qu'on veut ? »

On n'aura pas de la vie tant qu'on en veut. C'est dommage de ne pas profiter à fond d'une rencontre, de la visite d'une roseraie, de la lecture d'un beau livre. Tout cela peut être vécu calmement, sans tension, mais avec une attention qui savoure.

Vivre quelque chose trop distraitement ne repose même pas. L'eau a coulé, mais pour rien, et ça ne rend pas heureux.

Comment réagir ? En se regardant vivre. En ce moment, que suis-je en train de faire ? Comment suis-je en train d'écouter X ? Ai-je réalisé ce que j'avais décidé ? Quel temps ai-je donné aujourd'hui à l'admiration ? L'admiration est le plus joli exercice de vie attentive.

En revanche, feuilleter, zapper, écouter en pensant à autre chose, s'abandonner à une pure rêvasserie, c'est laisser couler inutilement le robinet.

« C'est inadmissible ! »

— Ma mère m'énerve. Elle est toujours en train de dire : «C'est inadmissible !»

Johnny est le fils unique d'Ingrid. Lâchée par son mari avec le petit Johnny, elle a reporté sur le garçon toutes ses raisons de vivre.

— Je l'aime bien, dit Johnny, mais elle me pompe l'air. Elle est toujours en train de critiquer mes goûts, mes copains et mes copines. Emma, par exemple, elle trouve que ses minijupes sont trop courtes. Il faut l'entendre répéter : «C'est inadmissible !» Je crois qu'elle confond ce qui est vraiment inadmissible et ce qu'elle ne peut pas admettre.

Sagesse d'un garçon de seize ans ! Moi aussi, je pense trop souvent : «C'est inadmissible !» en confondant ce qui est vraiment insupportable avec ce que, moi, je ne peux pas admettre.

Il y a là un dangereux réflexe d'exclusion. Emma est une très bonne copine pour Johnny. Ce qui est inadmissible, ce n'est pas sa minijupe, mais le fait d'écarter Emma pour une chose qui ne trouble ni Emma ni Johnny.

Vérifier nos « c'est inadmissible » nous aidera à limiter le nombre de ceux que nous rejetons. «Aime ton prochain», ça commence par : ne condamne pas trop vite, et surtout pas pour des bêtises.

Nous gagnerons une chose précieuse : la largeur d'idées. Non seulement elle est sympathique (qui aime les gens étroits ?), mais elle enrichit. Un proverbe africain dit que l'intelligence est un fruit qu'on peut ramasser dans le jardin du voisin. Au lieu de clamer : «C'est inadmissible !», on devrait plutôt se demander : «Est-ce que c'est si mauvais que ça ?»

« *Ils disent et ne font pas* »

À la fin d'un exposé, quand surgissent souvent des questions très concrètes, un auditeur m'a lancé : « Au-delà de leur enseignement, j'aimerais bien savoir ce que vivent Jean-Paul II et mon évêque. »

Je me suis senti visé. Pendant une heure je venais de prodiguer des conseils que je vis mal. Mais alors il faudrait faire taire tous ceux qui doivent enseigner la morale et la religion, à commencer par les parents. « Papa, il fait pas ce qu'il dit. »

Jésus, le seul qui faisait tout ce qu'il disait, a pourtant nettement séparé enseignement et exemple : « Faites ce que vous disent les scribes et les pharisiens, mais ne vous réglez pas sur leurs actes, ils disent et ne font pas » (Marc 23, 3).

Ce n'est pas le cas de Jean-Paul II et de mon évêque, mais tout comme vous j'ai été mis assez souvent devant ce constat : « Le patron, le supérieur parlent bien, c'est dommage que leurs actes démentent leur parole. »

Non, ils l'affaiblissent, mais ils ne la démentent pas. L'enseigné doit tirer le maximum de ce qu'on lui dit de bien, sans trop se soucier de la vie du prédicateur, que ce soit papa ou le pape. C'est une application du grand principe ignatien : « Tirer parti de toute chose. »

Un enseignement est avant tout un apport objectif qui a sa valeur propre. Thérèse d'Avila disait que, si elle avait à choisir entre un confesseur pieux et un confesseur savant, elle choisirait le savant.

166

Le conte du peintre d'icônes

Je n'aime pas contempler le visage de Jésus dans les films, les livres, sur des tableaux (sauf chez Rembrandt) et même sur les icônes. Je me suis demandé pourquoi. Un conte paru dans *En direct*, le magazine belge des patros, me donne une réponse.

Un moine, Épiphane, devenu remarquable peintre d'icônes, voulait peindre le visage de Jésus. Mais il cherchait un modèle sans jamais pouvoir le trouver.

Un soir, il s'endormit, découragé, en répétant : « Je cherche, Seigneur, ton visage. Montre ton visage. » Un ange lui apparut et lui fit revoir certains visages rencontrés pendant ses longues recherches.

— Regarde mieux : sur ce visage de bébé il y a quelque chose du visage de l'Enfant de Bethléem. Sur ce visage d'adolescent il y a le Jésus de Nazareth. Ce visage de cancéreux, c'est Jésus souffrant. Dans ce visage de jeune épousée tu peux voir Jésus amour. Ce visage de prédicateur, c'est le Jésus du sermon sur la montagne.

— Il faut tant de visages pour peindre Jésus ?

— Oui. Aucun homme, aucune femme ne peuvent te donner tout Jésus. En prenant ici et là quelque chose de lui, peut-être feras-tu une véritable icône. Mais surtout tu vas apprendre à le découvrir dans des rencontres qui jusqu'ici t'avaient paru banales. Tout ce que Jésus a été et sera transparaît dans nos joies humaines, nos détresses et nos tendresses.

Traverser le feu de la négation

Pour ma récollection mensuelle je médite des textes du P. François Varillon. Texte-sommet : son approche de « Dieu est amour ». Dieu, dit le P. Varillon, *n*'est *qu*'amour. Tout est dans ce ne... que. Je vous invite à passer par ce feu de la négation. « Dieu est-il tout-puissant ? Non, Dieu n'est qu'amour, ne venez pas me dire qu'il est tout-puissant, il n'est qu'amour. Voilà ce que j'appelle la traversée du feu de la négation. À toutes les questions que vous me poserez, je vous dirai : non et non, Dieu n'est qu'amour. La toute-puissance de Dieu, c'est la toute-puissance de l'amour, c'est l'amour qui est tout-puissant » (*Joie de croire, joie de vivre*, Centurion).

Simple jeu de langage ? Essayez ! Traversez ce feu de la négation, et vous verrez comme toute idée sur Dieu change. Dieu juge ? Oui, mais c'est l'amour qui juge. Dieu impassible ? Non, l'amour ne peut pas rester impassible. Dieu Providence ? Drôle de providence quand on pense à toutes les larmes du monde ! Oui, mais c'est tout de même une providence d'amour. Seulement, Dieu est Dieu, son amour est divin, et nous ne pouvons pas savoir tout ce que cela signifie. Nous sommes souvent acculé à dire : « Je crois que tu nous aimes, mais je ne comprends pas. »

Il faut accepter de vivre quelque chose de merveilleux avec Dieu sans tout comprendre. Notre « je crois que tu nous aimes » nous hisse très près de lui, même en pleine nuit. On ne peut pas lui dire à la fois : « Je crois que, pour ma petite tête, tu es mystère » et tout de suite après : « Explique-moi tout ! »

Mais, le jour où l'on croit que Dieu n'est qu'amour, plus rien ne peut barrer notre route vers lui.

Le plus difficile face-à-face

Dans son livre *Femmes-hommes, une nouvelle alliance*[1], Monique Hébrard pense qu'après le réveil des femmes, marqué par le *Deuxième sexe* de Simone de Beauvoir et les réactions hésitantes des hommes devant ces nouvelles femmes, il est temps de fignoler un nouveau face-à-face.

Elle esquisse en cinq conseils ce qu'elle appelle le « défi du partenariat » :

1. *Être réaliste*

Ne plus rêver l'autre : « Il n'est pas celui que j'aurais choisi. Il n'évolue pas comme je le voudrais. S'il était ceci et cela... » Il est ce qu'il est. C'est avec lui que je dois avancer.

2. *Compter sur la volonté*

Un couple n'est pas donné, un couple ne se maintient pas miraculeusement. Il est autant le fruit de la volonté que du sentiment. Si telle chose ne va pas, on peut essayer d'évoluer avant de claquer trop vite la porte.

3. *Se sentir (très discrètement !) responsable de l'autre*

Marcher à deux, cela veut dire se soucier constamment de l'autre. De ses silences, de ses paroles, de son bonheur.

4. *Trouver l'équilibre, si délicat, entre la dépendance d'amour et l'autonomie personnelle*

Ni individualisme ni fusion. Deux êtres bien vivants, bien personnalisés, essaient constamment de s'ajuster l'un à l'autre.

5. *Adopter le pardon*

Non comme démarche humiliante, mais comme une des pierres avec lesquelles on construit et on reconstruit un amour.

---

1. Plon-Mame, 1996.

Les questions de Karine

— Allô ! Je peux venir vous parler des anges ?... Oui, des anges..
Ma copine en est folle et ça me trouble.

À peine entrée, Karine attaque.

— Vous y croyez, vous, aux anges ?

— Oui, particulièrement à mon ange gardien.

— Ah bon ! C'est comme ma copine. Moi, ce que je ne comprends
pas, c'est qu'on mette soudain les anges à la mode.

— Il y a toujours eu la mention des anges à la messe.

— Oui, mais à part ça, avouez qu'on les fréquentait peu. Quand on
décrit la vie éternelle, on parle de Dieu, de tous ceux que nous allons
retrouver et découvrir. Mais pas des anges ! Ma copine me dit qu'elle a
hâte de les fréquenter là-haut. D'après elle, ça doit être un monde
extraordinaire. Ces légions d'anges, tous très beaux et qui chantent
bien, quel show non-stop !

— Tes questions disent déjà l'essentiel. Au-delà de notre univers
visible, les anges constituent le monde invisible mais bien réel des
esprits, anges et démons. C'est vrai que dans le ciel les anges forment
la magnifique cour de Dieu. Mais leur nom (ange veut dire « messa-
ger ») rappelle qu'ils sont aussi des intermédiaires entre Dieu et nous.
Quand l'Incarnation a mis en communication le ciel et la terre, c'est
l'ange Gabriel qui est venu l'annoncer à Marie.

— Nos anges gardiens, ce sont nos Gabriel personnels ?

— Oui, ils nous relient au ciel et ils nous aident sur la terre.

— Je n'ai jamais vu le mien !

— N'oublie pas qu'ils sont pour nous la part invisible de la Création.
Après notre mort, nous saurons tout ce qu'ils ont fait pour nous. En
attendant, je remercie souvent le mien. « Je suis sûr que c'est toi qui
m'as évité ce coup dur, c'est toi qui as écarté un mauvais ange. »

Stopper la dégringolade

— En nettoyant notre petite bibliothèque, me dit Suzanne, cinquante-quatre ans, je suis tombée sur un livre de spiritualité qui m'avait beaucoup emballée autrefois. Maintenant, ça me fait sourire. Ces rêves de sainteté! Il fallait faire ceci et cela. S'examiner, progresser. Fini! Il faut être réaliste. Enfin respirer et se laisser aller.

— Vous êtes heureuse?

— Non, sinon je ne serais pas venue. Je voulais vous dire que je n'accepte plus de faire des efforts. Essayer d'aimer, se battre pour trouver le temps de faire oraison, tout accomplir le plus parfaitement possible, comme disait ce livre. Non, je préfère aller faire du shopping à la Samaritaine ou fainéanter devant la télé. Mais je vois que ça déplaît à mon mari et à mes grands enfants. « Maman, m'a dit Luc, tu es en train de sombrer. »

— C'est récent?

— Non, c'est venu très lentement. De petite défaite en petite défaite.

— Et vous voudriez appeler cela du réalisme? C'est plutôt une assez pitoyable résignation. Le combat pour ne pas se laisser aller fait partie du réalisme, nous sommes appelés à la grandeur, pas à la résignation. Les combats pour progresser, c'est du simple bon sens.

— Mais pourquoi, pourquoi?

— Parce que nous sommes faits pour ça. Vous, Suzanne, vous êtes faite pour autre chose que le shopping et le zapping. Vous n'avez pas d'engagements?

— Ça me fatiguait aussi. À vous dire tout cela, je me dégoûte. J'ai eu tort de relire ce vieux livre sur la sainteté.

— C'est une astuce de votre ange gardien. Il voulait vous dire : « Suzanne, il est temps de stopper la dégringolade. »

Vacances 1 : autrement

Qu'est-ce que c'est, au juste, ce nouveau produit : le farniente ? Ne rien faire ? En vacances, on veut faire beaucoup de choses. Oui, mais autrement, et si possible ailleurs.

Dès la plongée dans la cohue de la gare de Lyon ou le bourrage démentiel de la voiture, une pensée domine tout : on va faire ce qu'on veut !

Mais ce n'est pas si simple. De l'organisation du temps libre dépend la richesse ou le ratage des vacances.

— Oh ! Je vous en prie ! Ne revenons pas à des buts obligatoires, des programmes, de la discipline.

— Si, mais autrement. Cette excursion ou cette journée totalement farniente, ce choix d'un restaurant ou du coin merveilleux pour pique-niquer, tout a désormais la saveur vacances : on fait ce qu'on veut.

Si on se met d'accord ! Dans la vie ordinaire, n'être pas d'accord peut rester vivable. Pas en vacances. Un seul qui fait la tête, et plus rien n'est bon. Ni le pique-nique ou le fameux point de vue, ni la soirée sous le marronnier, ni le parc d'attractions auquel on avait tant rêvé. « Autrement », c'est cette paix pour laquelle on est décidé à faire des concessions nécessaires.

« Autrement », c'est aussi la possibilité de tout savourer, le lever tardif comme le départ à 3 heures du matin. On l'a voulu ! Ne plus rien faire d'imposé permet de respirer à fond.

« Autrement » va élargir, du matin jusqu'au soir, le domaine grisant des découvertes. « Aujourd'hui, les enfants, on va se faire le barrage de Roselend. »

« Autrement », ce sera peut-être le passage des prières à *la* prière : descendre dans nos profondeurs simplement pour y être avec Dieu.

Vacances 2 : ailleurs

À midi, on s'est demandé quel était le plus grand bonheur des vacances. «Être ailleurs!» a lancé Nicole, approuvée par beaucoup.

Nouveaux décors, nouveaux visages. De belles joies à mériter. En sachant regarder! Je me souviens que, devant un des plus beaux paysages de la Vanoise, un membre de notre groupe ne cessait d'évoquer son enfance parisienne. Je l'ai coupé brutalement :

— Tu es une idole!

— Ah bon?

— Tu as des yeux et tu ne vois pas.

Les yeux de vacances sont faits pour voir. Il faut parfois les aider par de la documentation étudiée avant le départ ou cherchée sur place. Une amie de vacances est célèbre pour son premier mouvement dès qu'on arrive dans une ville : bondir à l'office de tourisme.

Le paysage le plus difficile à bien exploiter, c'est la rencontre des autres. Elle est souvent une épreuve. On peut être très mal accueilli, ou entraîné dans une stupide dispute. «Ailleurs» exige un double réflexe : qu'allons-nous recevoir? Qu'allons-nous apporter?

Un jour, dans le Piémont, nous avions repéré un magnifique coin frais quand une voix nous a fait sursauter, celle du propriétaire : «Vous, les Français, chaque année vous abîmez nos prairies. Allez-vous-en et ne sortez pas des chemins! »

Nous avons entamé une longue conversation : sur la France et sur le Piémont, sur la vie difficile en montagne et sur le sans-gêne des vacanciers. «Mais vous, vous êtes de braves gens. »

Aller ailleurs exige cette première qualité : être partout de braves gens.

Vacances 3 : la visite vacancière d'une église

Je reviens toujours des vacances avec le même remords : « J'ai mal visité les églises. »

L'église vacancière n'est pas du tout l'église que nous fréquentons d'ordinaire, elle aussi fait partie de l'«ailleurs». On y entre généralement fatigué par tout ce qu'on a visité jusque-là. J'avoue que je m'écroule sur le premier banc, ravigoté par la fraîcheur et le silence.

Mais une église vacancière n'est pas toujours silencieuse. Il y a les explications d'un guide, les échanges entre visiteurs. Déjà abruti par la fatigue, je ne songe pas à me recueillir.

Pourtant, Il est là, c'est sa maison. J'entends encore le dialogue d'une petite fille avec une mamie confidente :

— Pourquoi il y a une lumière là-bas ?

— Parce qu'une église, c'est une maison vivante, on est reçu par quelqu'un, par le Jésus de l'hostie, dans le tabernacle où tu vois la lumière. La première chose à faire quand tu entres dans une église, c'est de repérer le tabernacle.

— Pourquoi ?

— Pour dire des choses à Jésus. Il nous attendait, il attendait Océane et sa mamie.

Honte sur moi. Quand j'entre dans une église vacancière, je ne songe pas assez à celui qui m'attendait et me reçoit.

Lorsque quelqu'un prie, les visiteurs baissent le ton et certains pensent peut-être à leur propre vie de prière. On découvre de plus en plus souvent un coin prière aménagé auprès du tabernacle. Des cierges, des revues et des livres pour aider à prier.

Je me promets de ne jamais sortir d'une église vacancière sans avoir pensé à la Rencontre.

Les portes toujours ouvertes

En relisant des notes sur Madeleine Delbrêl, je repensais à la réflexion d'une jociste : « On parle tout le temps d'être le ferment dans la pâte, mais le ferment reste loin de la pâte ! » Madeleine Delbrêl sera la sainte (on a introduit sa cause à Rome) de la proximité du ferment avec la pâte.

Elle a écrit son texte le plus terrible au lendemain des obsèques du cardinal Suhard à Notre-Dame. La foule immense des gens modestes n'avait pas pu entrer dans la cathédrale.

« Le peuple de Paris était venu et l'église était fermée à 8 heures et aussi à 10 heures. Elle était ouverte pour les prêtres, les officiels et tous ceux qui portaient des cartes d'invitation. Si l'église avait été comble, il aurait déjà été pénible de laisser le peuple de Paris à la porte. Mais l'église n'était pas comble. Quand la cérémonie a été finie, le peuple de Paris a voulu venir près de son père, mais on n'a pas voulu de lui. Ceux qui croyaient ont élevé leur cœur vers le père qui avait su les comprendre. Ceux qui ne croyaient pas ont sans doute cru un peu moins. Ils n'ont pas pu rencontrer à travers cette pompe froide et trop bien organisée la divine et maternelle tendresse qui les attendait. »

Madeleine Delbrêl a lutté toute sa vie contre cette incroyable distance entre les détenteurs officiels du ferment évangélique et la masse de ceux qu'elle appelait « les gens des rues ».

« Il y a des gens qui ont une maison ordinaire, des vêtements ordinaires. Ce sont les gens de la vie ordinaire, ceux que l'on rencontre dans n'importe quelle rue. Nous autres, gens de la rue, croyons de toutes nos forces que cette rue, ce monde où Dieu nous a mis est pour nous le lieu de notre sainteté. »

Cette ancienne cheftaine scoute est venue chercher la sainteté dans Ivry la rouge. Au moment où Pie XII, par le terrible décret de 1949 contre toute collaboration avec les communistes, coupait les ponts entre les catholiques et tout ce qui pouvait sentir le marxisme, elle est entrée au service social de la mairie la plus marxiste, collaborant loyalement, aimée par tous, sans perdre une once de sa foi rigoureuse et de son amour pour le Christ.

Elle sera la sainte d'une Église qui ne ferme aucune porte.

Les discussions sur la politique

À midi, on s'est mis à attaquer violemment la politique et les hommes politiques. Les chrétiens du groupe n'étaient pas les derniers à mener l'assaut et j'ai essayé – vainement ! – de rappeler la grandeur de la politique au nom même de l'amour fraternel.

Pie XI disait que la politique est le domaine de la plus vaste charité, et, pour Pie XII, l'engagement politique était une des plus hautes formes de la charité.

Pourquoi ? Parce que plus la charité s'étend à un grand nombre de personnes, plus elle a de la valeur, ce qui est le cas de la politique, lieu du vouloir-vivre ensemble dans une ville, un pays et le monde entier.

La politique touche à tous les aspects de ce vouloir-vivre ensemble : le travail, l'habitat, l'école, la sécurité, les loisirs. Elle est tellement l'organisation du bonheur pour les foules que, lorsqu'un chrétien ne la prend pas au sérieux, il n'a pas le droit de penser qu'il aime ses frères.

Et quand il écrase des hommes politiques sous les critiques et les sarcasmes, comme on le faisait tout à l'heure, a-t-il bien réfléchi à leur importance dans la cité ?

Ils sont ambitieux ? C'est normal, ça fait partie de leur métier. Qui, sans ambition, sans goût du pouvoir se lancerait dans une telle aventure ? Ils sont avides de s'enrichir ? C'est à vérifier chaque fois.

Mais de toute façon il en faut, de ces mordus de la politique qui pensent que le pouvoir est désirable et qui feront tout pour le conquérir, quitte à être souvent déçus eux-mêmes et usés par ces combats.

Les attaques sans une réflexion un peu poussée ne sont qu'un voyeurisme facile. On marque les coups, mais on ne fait rien. On garde les mains pures (« La politique, c'est sale ! », disent souvent des chrétiens), mais on n'a pas de mains. La plus petite participation a plus de valeur que les longs palabres sans compétence.

Tenir dans la sécheresse

— Terrible sécheresse. Impossible de faire oraison, de méditer sur quoi que ce soit, et même de lire une page de spiritualité. Devant Dieu, je ne suis qu'un morceau de bois. Et dire qu'il y a huit jours j'étais dans une belle ferveur !

En écoutant Anne-Marie je me disais qu'il faut toujours se préparer à entrer en sécheresse. Quand ce n'est pas notre faute, par abandon à la nonchalance, l'égoïsme, la vie fraternelle querelleuse, une sécheresse spirituelle peut être un grand moment de purification et de générosité.

Sans goût et sans douceur, nous devons tout accomplir le mieux possible par notre seule volonté têtue, courageuse. Jamais, alors, nous ne disons «Père» plus purement, jamais il n'est plus réellement tout pour nous.

La ferveur est un cadeau qui nous aide à vivre ; nous en avons besoin, mais elle peut faire illusion. J'ai tant vu des fervents juger leur oraison sur ses douceurs, et quand survient la sécheresse ils ne peuvent pas la supporter.

C'est pourtant l'heure de la vie fructueuse. Le moment où l'on se dit : «Mais je ne peux plus rien faire de bon !» Si, nous pouvons tenir dans la foi nue, et c'est ce que Dieu attend le plus de nous.

Rien ne nous sépare, Père, quand je n'ai besoin de rien pour rester près de toi.

Le bonheur et l'amour

Dans un ancien numéro de *Christus* (63) consacré au bonheur, le P. Manaranche pose carrément la question : « Les chrétiens sont-ils un peuple heureux ou se plaisent-ils à rendre tout le monde malheureux au nom du Christ ? »

C'est cruel, mais il doit y avoir du vrai, puisque tant de gens, jeunes et vieux, pensent qu'on ne peut pas vraiment plaire à Dieu si l'on n'est pas au moins un petit peu malheureux.

D'où vient qu'un chrétien apparaît comme le prédicateur d'un bonheur auquel il est difficile de croire quand on le voit lui-même si peu heureux ?

Le P. Manaranche cite ces courriers de lecteurs tissés de tant de lamentations. Et pourtant, Jésus ne bâtit pas son Royaume sur les ruines de l'humain ou dans une banlieue à l'écart de la vie réelle des hommes, sa prédication est saine, elle est un oui à l'homme et à ses joies.

Où se situe le malentendu ? Dans l'idée qu'on se fait du bonheur éternel. Par le passé on l'a trop exalté : peu importent les malheurs d'ici-bas pourvu qu'on soit heureux éternellement. Maintenant, on dirait plutôt : peu importe ce qui va nous arriver, soyons heureux tout de suite.

En réalité, il s'agit d'un unique bonheur constitué de la même matière : l'amour. Quand nous aimons, nous sommes en paradis. Nous avons droit au bonheur, c'est le vrai message de l'Évangile, mais il s'agit du bonheur d'aimer. Chaque fois qu'on l'oublie et qu'on joue un bonheur contre l'amour, on perd.

Le conte du grain de blé

Il y avait une fois un grain de blé très heureux. Il vivait dans un grand grenier avec des centaines d'amis grains de blé. Il demandait aux autres : « C'est ça, le bonheur ? – Oui, pourvu que ça dure. »

Ça ne dura pas. Un jour on vint les empiler dans une charrette. Au début, ce fut un beau voyage. La campagne, pensait le grain de blé, c'est plus beau et plus varié que notre vieux grenier.

Mais il se passa des choses affreuses. Le grain de blé se retrouva dans la main d'un paysan qui le jeta sur le sol, et même l'enterra. Ce fut la nuit et la mort.

Puis une étonnante nouvelle vie. Le grain de blé grandissait sur sa tige verte, il retrouva l'air et le ciel, il devint un épi et avec ses frères il habilla la terre d'une belle robe d'or.

Émerveillé, le grain de blé avait oublié le grenier trop tranquille où il n'était qu'un grain. Maintenant il voyait bien que sa vie était multipliée et il s'attendait à d'autres aventures.

Elles survinrent avec un très beau nom : la moisson. Puis la transformation en pure farine blanche et, là, il fut choisi pour devenir une hostie. Il entendit une parole incroyable : « Ceci est mon corps. » Lui, le petit grain de blé, il était le corps du Christ !

Que de transformations depuis le grenier ! Chaque fois il fallait souffrir, mais chaque fois il devenait un plus haut vivant, et il donnait la vie.

Parfois, le grain de blé pensait : « Dire que dans mon grenier je croyais être heureux ! »

« *Descends dans ta profondeur* »

Je me demandais si à midi, dans le brouhaha et tant de choses à faire, on pouvait vraiment se reprendre et se remettre en face du Seigneur pour une mini-oraison. J'ai trouvé la réponse chez nos frères d'Orient.

Ils répètent tous : « Descends dans ta profondeur. » Mais je ne comprenais pas bien leur formule : fais descendre ton mental dans ton cœur et là reste en face de Dieu.

J'ai essayé, après avoir mieux vu que le « cœur », ici, c'est tout notre monde intérieur. Très vaste et très ouvert. On confond trop recueillement avec fermeture à tout ce qui ne serait pas Dieu. Mais alors on se ferme même à Dieu.

Il s'agit plutôt de bien fixer notre mental (notre cirque intérieur), toute notre affectivité du moment (même troublée) et le monde entier dans notre intérieur et là de l'offrir au regard affectueux de Dieu.

Bien des choses disparaissent dès que nous sentons le regard de Dieu, et déjà cette décantation apporte de la paix. Mais le regard de Dieu change aussi notre paysage intérieur. J'ai honte de ceci, je souris de cela, je deviens plus aimant.

On peut appeler cela prière. Une prière très spéciale, excessivement simple : « Père, je sais que tu m'aimes. Fais qu'en moi ton amour chasse le mauvais et le trouble. »

La particularité, qu'il faut bien saisir, c'est que la profondeur, ici, ne s'oppose pas à la largeur. Nous avons tendance à resserrer notre cœur pour mieux le maintenir en face de Dieu. Non, Dieu est immense et sous son regard nous devons rester immense. Descendre dans notre profondeur, c'est offrir tout ce que nous sommes, et offrir le monde entier à l'amour de Dieu. Nous pouvons faire cela en trois minutes à midi.

La fenêtre sur le soleil

Dans *La Croix*, Bruno Chenu raconte qu'en visite dans un bidonville d'Amérique latine le P. Arrupe, général des jésuites, avait été invité un soir par un chrétien extrêmement pauvre.

Tout de suite, cet homme le conduit à la minuscule ouverture de sa cahute pour lui faire admirer un grandiose coucher de soleil.

– Je n'ai rien à t'offrir, Père, mais je voulais partager cela avec toi.

Bruno Chenu en tire une parabole sur l'Église. Elle n'attire le regard sur elle que pour le tourner vers le soleil : le Dieu de Jésus.

Son plus beau cadeau, sa seule richesse, est cette perspective sur le mystère de Dieu, ce point de vue unique qui ne dévalorise pas les autres, mais qui a la prétention d'une plus grande vérité sur Dieu et sur l'homme.

L'Église, dit Bernanos, n'est pas «un abri, un refuge, une espèce d'auberge spirituelle à travers les carreaux de laquelle on peut se donner le plaisir de regarder les passants, les gens du dehors».

Vivre l'Église aujourd'hui, c'est aimer tout ensemble le Christ, Dieu comme homme, et l'être humain, poussière appelée à devenir Christ. C'est continuer à fredonner la petite musique de l'Évangile en pleine humanité.

Vivre l'Église, c'est croire qu'il y aura un soleil, demain, pour les pauvres.

Contre la solitude

— Je n'arrive pas à me faire des amis. Et quand par hasard j'en trouve, je les perds vite.

Veuve depuis sept ans, avec de grands enfants très pris et peu « famille », Geneviève souffre de plus en plus de sa solitude.

« Quand par hasard je trouve une amie. » L'amitié tient-elle entièrement au hasard ?

Ça peut arriver. J'ai rencontré mon meilleur ami par hasard au cours d'un long voyage en train. Mais le désir d'amitié doit être quelque peu actif. J'ai souvent constaté cette contradiction : on veut des amis, et on ne fait rien pour cela. Des premiers pas s'imposent, et des périodes d'essai.

À la sortie d'un film qui les a enthousiasmées, Nicole et Chantal ont fait connaissance, se sont invitées ; une grande amitié est née. Mais le plus souvent, c'est assez décevant. Alors il faut saisir une autre occasion, s'acharner un peu. La recherche d'amitié, c'est une chasse au trésor.

Un trésor à ne pas perdre trop vite ! Accepter des imperfections et des frontières. « Avec X tout va très bien, sauf... » Et pourquoi pas ? La période d'adaptation est parfois longue. Avec un ami très cher j'ai compris trop tard qu'il n'avait pas la même conception de l'amitié que moi. Rupture ; mais, quand j'y repense, je me dis que j'aurais pu comprendre sa volonté de garder des choses secrètes, même à mon égard.

Il restera bien des domaines où le plaisir de partager sera une joie si forte qu'elle vaut quelques sacrifices, par exemple celui d'admettre que des choses, chez mes meilleurs amis, ne me plairont jamais.

Les questions de Karine

— Hier, à midi, me raconte Karine, mes parents avaient invité un prêtre. Il était très gentil, cultivé, amusant et un peu méchant quand il parlait des femmes. Maman lui a même dit : « Mais vous êtes raciste ! » Je n'ai pas compris.

— Nous devenons raciste chaque fois que nous jugeons quelqu'un non d'après ce qu'il est, mais d'après son appartenance à un groupe. Le plus odieux racisme, c'est celui qui affirme la supériorité d'une race sur les autres races. Un Noir qui dit : « Tous les Blancs sont ceci et cela » est un raciste.

— Il y a bien des différences générales entre les Noirs et les Blancs ?

— Oui, mais on glisse des aspects physiques, comme la couleur de la peau, à des jugements sur la valeur des personnes, intelligence et cœur.

— Nous sommes loin du racisme par rapport aux femmes ?

— Non, c'est la même pente qui nous pousse à dénigrer un ensemble. « Les femmes sont comme ceci et comme cela. »

— C'est un peu bête, non ?

— C'est très bête, mais il y a des excuses. Quand un homme a épousé une femme qui devient de plus en plus bavarde, il est tenté de dire : « *Les* femmes sont bavardes. » Ce pluriel est l'indicatif du racisme.

— Quand je dis : « Les garçons sont tous des vantards », je fais du racisme ?

— Oui, et ton abbé en faisait quand il disait : « Du moment que c'est une femme, elle est comme ceci et comme cela. »

— À ce compte, on est tous racistes ?

— Ça nous guette tous. J'ai un ami savoyard. Il pense que cela représente une supériorité évidente dans tous les domaines et pour tous les Savoyards.

— « Tous », c'est aussi l'indicatif du racisme ?

— Tu as tout compris.

183

« *Vous ne savez pas que je suis un être humain ?* »

« Je pense très fort à mon amie Caroline, décédée il y a quelques mois.

Elle était pauvre, très malade et noire. C'est beaucoup de malheurs pour vivre dans un monde qui prône l'argent, la grande forme et, de plus en plus ouvertement, la pureté du "Blanc".

Hospitalisation. Du lit voisin du sien s'élèvent des cris indignés.

– Non, je ne veux pas de cette femme ici, qu'elle parte, faites-la sortir !

Et au médecin accouru au tumulte :

– Je n'ai pas vécu jusqu'à soixante-dix ans pour dormir à côté d'une négresse !

Très ferme mise au point du médecin. Le silence revient. Une infirmière passe pour les piqûres. À la dame blanche, après son intraveineuse :

– Appuyez fort sur le coton, laissez votre bras replié.

Dès son départ, agitation, bras déplié : le sang gicle, abondant. Affolement, appels vains : c'est dimanche, peu d'infirmières.

Alors Caroline se lève ; traînant avec elle son attirail de tuyaux, elle ramène du fond du couloir une infirmière qui fait le nécessaire. À nouveau le silence, pesant. La dame, hésitante :

– Écoutez, je ne savais pas.

Et mon amie, si lasse, si triste :

– Vous ne saviez pas quoi ? Que je suis un être humain ?

Repose en paix, ma Caro, dans l'infinie tendresse de Dieu. »

Denise Masseron (Isère)
Extrait de *La Croix* du 1er août 1997

Deux anxiolytiques

Jamais les pharmaciens n'ont vendu autant d'anxiolytiques ou, si l'on préfère, de «tranquillisants». Les lecteurs tranquilles, par tempérament ou par discipline de vie, peuvent tourner cette page. Aux autres, dont je suis, qui doivent parfois lutter contre une idée obsédante, l'anxiété, ou même l'angoisse, je me permets de conseiller deux moyens très simples de retrouver un peu la paix.

Penser à la vie éternelle, à partir de la célèbre affirmation de saint Paul : «J'estime que les souffrances du temps présent sont sans proportion avec la gloire qui doit se manifester en nous» (Romains 8, 18). Vous haussez les épaules? Essayez quand même de dépasser l'agacement ou le sourire pour retrouver ce qu'il y a de prodigieux et d'apaisant dans cette pensée, face à laquelle «tout est sans proportion».

C'est vrai que notre vie humaine est faite de deux parties disproportionnées : un tout petit apprentissage ici-bas et l'inimaginable «sans fin» de l'éternité. On a toujours eu du mal à contempler ces deux réalités. Hier nous perdions la terre, aujourd'hui nous perdons le ciel. Dieu nous offre les deux dans la corbeille de nos noces avec la vie. Pourquoi bouder la joie de ne pas finir? On dit que le «et son règne n'aura pas de fin» du Credo faisait battre le cœur de Thérèse d'Avila.

Vous allez trouver encore plus curieux mon deuxième tranquillisant. Tant pis. Tous ceux qui ont essayé (essayé!) sont satisfaits. Il s'agit de sortir de nous-même et de nos ruminations pour nous jeter dans l'aide fraternelle.

Deux avantages garantis : on s'oublie pendant dix minutes ou une heure. Et on avale un grand verre d'amour. On voulait retrouver l'exaltation de la vie? «Celui qui aime, dit saint Jean, vit.» Quand tu aides, tu vis.

« C'est archifaux ! »

Pendant le déjeuner, petit dialogue à côté de moi entre Denise et Armelle.

Armelle : J'aime beaucoup l'astrologie, je me sens très verseau.

Denise : Oh ! moi je suis absolument contre ces idioties !

Un peu plus tard, je l'entends dire : « C'est archifaux ! »

Je me demandais pourquoi, dans notre groupe, Denise n'est pas très aimée. Je deviens plus attentif. De sa voix haut perchée et tranchante elle coupe encore brutalement Armelle.

— Mais tu ne connais pas la question ! Moi, j'ai lu dix livres là-dessus.

J'entends peu la douce Armelle, elle doit être K.O. ou agacée. Quand je vais retrouver Denise au travail, oserai-je lui dire qu'elle est agaçante ?

Mais elle est aussi passionnante. C'est vrai qu'elle sait beaucoup de choses et qu'elle a souvent des intuitions géniales. Il faut des contradicteurs de son genre pour alimenter les dialogues.

On admire Denise. Mais on ne l'aime pas. Peut-on être à la fois très intelligent et pas écrasant ?

Petite pratique de l'adhésion

1. Je vis ici

S'arranger pour se sentir bien là où l'on vit.

2. Je vis maintenant

Ne pas trop s'évader dans les souvenirs et les anticipations. Rester le plus possible dans le présent. La merveille de l'adhésion à la vie, c'est son rendement sûr et plein à l'instant même. À chaque seconde suffit son oui. Je suis saint *en ce moment* si je suis et si je fais ce que Dieu et la vie attendent de moi. En ce moment.

3. Je vis bien avec tous

La plus belle paix du cœur : n'avoir personne dans le nez. Pouvoir sourire à tous. Être heureux avec tous. Jouer les cartes de notre vie sans comparer avec le jeu des autres. Ne pas avoir peur de la pensée et des goûts des autres. Essayer de faire de petits pas vers l'accueil et même l'amour d'une différence.

4. Je ne veux pas me plaindre

NPSP. Ne pas se plaindre, c'est pratiquement adhérer.

5. Je savoure au maximum les joies

Laisser entrer le soleil ! Petits bonheurs avec les choses. Douceurs d'être et d'aimer. Joie incassable d'avancer vers le bonheur sans fin.

Bonne année!

Pendant cette dernière pause-midi, j'ai médité sur l'année qui venait de finir et surtout sur celle qui commence. Que choisir comme résolution pour que cette nouvelle année soit bonne?

J'ai pensé à l'insistance de Jésus sur le service. Il s'est désigné lui-même comme le Serviteur. Son dernier geste, laver les pieds de ses apôtres, a révolté Pierre. Mais Jésus, calmement, a fait du service un geste divin: «Je vous donne l'exemple.» Quand nous refusons un service, et surtout une attitude générale de service, nous disons à Jésus: «Je ne veux pas te ressembler.»

«Je ne veux pas»? Disons plutôt: «Je ne peux pas.» Par fatigue souvent. Par peur d'être mangé, d'être poire. Je veux sauver ma vie. Mais Jésus n'a cessé de dire: «Si tu veux sauver ta vie, perds-la!»

Perds-la en te noyant dans l'amour fraternel. Il prend si souvent le visage d'un service à rendre! En servant sans limite, nous serons sûr de remplir d'amour l'année qui vient.

Table des matières

194

Achevé d'imprimer en février 1998
sur presse Cameron
*dans les ateliers de **Bussière Camedan Imprimeries***
à Saint-Amand-Montrond (Cher)

N° d'Édition : 3328. N° d'Impression : 98857/1.
Dépôt légal : février 1998.
Imprimé en France